# 歴史と風土の中で

山本学治建築論集❶

鹿島出版会

本書は、一九八〇～八一年に小社のシルバーシリーズとして刊行された
『歴史と風土の中で――山本学治建築論集①』
『造型と構造と――山本学治建築論集②』
『創造するこころ――山本学治建築論集③』
の体裁を変え、ＳＤ選書として再刊するものです。

# 刊行に際して

一九七七年の初夏、山本学治は忽然とその五十四歳の生涯を閉じた。それから三年、ここにその足跡を偲んで建築論集を世に送る。

山本学治は戦後日本の現代建築の発展と軌を一にするかのように、その展開を見据えながら建築に関する研究、評論、教育に多角的な活動を続けた。とくに評論は広く歴史・技術・創造の各分野にわたり、つねに真摯な論述的姿勢をもって語りかけ、多くの人々を共感させ説得して来た。我々は遺された論文を整理してその量と内容の豊富さに改めて驚くとともに、その適確な視点、鮮明な思考、人間味あふれる観察に畏敬の念を抱いた。それらの論文にはすでに山本自身の手でまとめられ数冊の著書となっているものもあるが、一方様々な形式で発表されたままになっている貴重なものも少なくない。今回我々はそれらの中から主要なものを選び、その内容にしたがい三巻に分けて編むこととした。

我々はこの建築論集の刊行により、さらに彼の思想と業績が評価されるだけでなく、これらの論考が多くの後進にとって現代建築の状況を認識するために欠くことの出来ないものとして長く役立つことを確信している。それは歴史・風土・技術そして何よりも人間性を中心にふまえた健全な建築思潮の発展こそ、山本学治の求めて止まなかったものだったからである。

一九八〇年　秋

茂木計一郎　三上祐三
稲葉武司　中村精二

# 歴史と風土の中で

目次


刊行に際して

まえがき——近代建築史家としての山本学治……村松貞次郎

［Ⅰ］近代史の中の建築——5

第一章＝現実の発展と近代化の努力との結合——6

第二章＝日本近代建築の現状——20

第三章＝一九世紀初めより一九二〇年代に至る建築の近代化について——34

## [II] エレメントの背景 101

第四章＝窓のデザインの発展 102

第五章＝空間概念としての壁 117

第六章＝近代建築における柱の変遷 131

## [III] 素材と風土 141

第七章＝金属発展の五段階 142

第八章＝建築と銅について 161

第九章＝木による日本の建築はどんな特徴があるのだろう 191

あとがき 217

初出一覧 221


●デザイン＝杉浦康平＋海保透

まえがき

# 近代建築史家としての山本学治

村松貞次郎

いかにもスポーツマンといった大きな身体の男だった。山登りのベテランだと聞いていたが、私の学生時代の記憶には専ら千葉の第二工学部のグランドで草野球を楽しんでいた彼の姿がある。汗っかきで、真黒に陽焼けした顔をタオルでゴリゴリ拭い、大きな目をギョロギョロさせて議論を続ける彼の姿が懐しく想い出される。何時のころからかタバコは専らパイプで吸っていた。それもよく似合った。大きくて、悠々としていて、神経質に他人の言葉尻をとったり、あげつらったりするところのまったくない、そういう頼もしい兄貴分、それが私の接してきた山本学治であった。

しかし、こうした体形の男にありがちな粗野なところのまったくない男だった。むしろその挙措、たいへんスマートで、気取り屋のところもあった。彼の父君は著名な電気工学者だった、と人づてに聞いたことがある。いわば名門の息子である。その精神、その説くところ、ことの当否は別としてつねに"堂々"としていたのも、その育ちとその体形によるところが大きい、と勝手に私は判断している。カミソリではなく鉈《なた》だが、その鉈、ただの重い鈍器ではなかったところに山本学治の真骨頂があった。

彼の近代建築史の論ずるところ、一言にして評すれば筋骨逞しいものである。ディテールの発見を誇大にあげつらったり、思いつきに酔って他者を誹謗するようなケチなところがまったくなかった。これもその育ち、とくにその体形によるところが大きい、と私は判断するのである。

ところで、近代建築史家としての山本学治のスタートは、やはり大学の学生時代にあった。彼は東京帝国大学第二工学部建築学科の昭和二十年、すなわち第二回の卒業で、直ちに大学院に籍を置いて研究を進めていた。昭和二十三年、第五回の卒業に当たる私は、学生時代からその雄大な風貌の山本学治に何かと世話になったが、大学院に入ると余計に彼の謦咳に接する機会が多くなった。それは私の指導教官であった関野克教授・浜口隆一助教授の共催するゼミナールに、いつも彼が姿をあらわしていたからである。松代の大本営工事に当っていた工兵一等兵の関野克は、終戦とともに大学に復帰し、昭和二十二年十月の『建築雑誌』に「登呂遺跡と建築史の反省」なる論文を発表して、建築技術史研究の必要をいち早く唱えていた。私が卒業論文に建築技術史を取り上げたのも、こういう時代環境の中で関野・浜口の両教官からその研究を命ぜられたからであるが、ゼミナールでの山本たち先輩の論議に大きな影響を受けたこともももちろんである。

山本学治は小野薫や坪井善勝の研究室に属して建築構造学の勉強をしていた。がんらい構造系の人であるが、第一回卒業の神代雄一郎・阿部公正・河合正一・徳永勇雄・温品鳳治らとともに、この建築史のゼミナールの常連で、彼と同期の伊藤鄭爾・松岡春樹・村井敬二らとともに、なかなか恐ろしい大先輩たちであった。このゼミナールは、それほど体系だって運営されたものではなかったが、とにかくワイワイと賑やかだった。腹は空いていたが意気は軒昂、梁山泊と思って頂けば間違いない。

山本学治はこの中から近代建築史家としての歩みを始めたのである。構造に強い近代建築史家としてである。彼の所論が、建築史に限らず建築論、あるいは材料とか構造に関する批評を含めて、その根底に技術史、技術論のきわめてしっかりした根を持ち、彼をユニークな近代建築史家として大成させた秘密が、こうした大学院時代の環境の中にひそんでいることを見逃すことはできない。やはり彼も見事な〝時代の子〟だったのである。

わが国で、欧米の近代建築史がささやかながらも通史の形をとってまとめられたのは、管見によれば昭和七年から十年にかけて刊行された『高等建築学』の一巻の一部に、当時気鋭の日本建築史家・大岡実の執筆した一編であろう。もちろんそれ以前に長谷川輝雄や岸田日出刀の断片的な業績があり、以後にも蔵田周忠や川喜田煉七郎らの論考が重なるが、総じて近代建築運動の思潮史的叙述であり、日本における建築運動に資するためのテキスト的なものであったと言えよう。その〝近代〟の意味するものもセセッションやアート・アンド・クラフトの運動に始まる造型思想の、しかも断片的な紹介にとどまっていた。〝近代〟をもっと広い視野に収めて社会・経済・産業・技術の変革の中から近代建築が生まれてきたゆえんと、その発展を説くことは、日本ではやはり第二次大戦後の新しい傾向と言わざるを得ない。敗戦後しばらくして堰を切ったように流入してきた外国の文献、とくにギーディオンやペブスナーらの著作は、近代建築運動史をもって近代建築史と考えていたわれわれの目を開かせてくれた。近代建築史の始源は産業革命の発端にまでさかのぼり、とくにその技術的成果が、近代建築の物的な面を強く支えてきたことが認識されるようになった。

すなわち新しい、近代建築史と称するに値するものは、日本においては第二次大戦後に構築作業が始められたものである。

その先頭を切った者が山本学治である。限定された従来の運動史・思想史としての近代建築史が、社会や産業や技術の面にその視野と年代的な範囲を広く拡大して構築されるとき、〃構造に強い〃しかも技術史・技術論の基礎を十分に固めていた山本学治が、その能力を最大限に発揮しチャンピオンとして登場したのも、また当然と言えよう。したがって彼の立場は、輪形陣の中央にあって堂堂と航行する戦艦のように、整然と乱れるところのない史観と論理を備えたものでなければならなかった。彼が十分にその責任を果したことは、この建築論集のすべてにわたって読者の首肯するところであろうが、とくにこの第1集「歴史と風土の中で」においてその感を強くするものである。その説くところは真面目すぎるほど論理的であり、軽佻浮薄なところが少しもない。また述べる言葉は平易で奇をてらうところがない。

この第1集・第I部の各章の中で〃近代化〃〃現実化〃という彼の言葉に読者はたびたび接するであろう。また〃現代的近代〃という苦渋に満ちた用語も発見されると思う。

戦後に近代建築史家として出発した彼は、いったん近代建築運動高揚期の成果を肯定し、やがてそれを否定しなければならぬという苦しい作業を経験している。具体的には一九二〇年代のコルビュジエやグロピウスやミース、あるいはライトたちの仕事を、残存している過去の建築の非近代的な性質を克服するためのものとして高く評価しながらも、その近代化・現実化への動きが抽象的・一般的であって、それはもう今日では〃現代の現実という部屋の床の間におかれた壮大な置物として尊重さるべきである〃とまで断言している。そうしてなお〃現実から孤立した先駆的実験を続けることは、新しい建築に課せられた近代化という目的を放棄することであり、それはその社会の建築の不合理・不適合を正すことに何ら貢献しない。すなわちその内容であるべき現実と関係をもたない形式という意味で、ひとつの形式主義である〟とも言う。

抽象と観念で始まった建築運動の近代化が、建築をとりまくすべての現実の中にとり入れられて〝現実化〟することを彼は希求し、それが〝現代的近代〟のあるべき建築の姿だ、とするのである。近代・近代化という言葉に最後まで取りつかれ、しかもそれを無責任に気楽に放棄することを拒否し、重い足枷として引きずりながらも、彼は彼なりに近代主義という形式主義からの離脱を必死に試みていたのである。この国の建築の現実、市民との連帯感の中に最後まで生きた誠実な近代建築史家の、その苦悩の歩みを見ると胸がつぶれる思いがする。

こうして山本学治の主要な論文を再読すると、歴史家もまた時代の子であり、時代の悩みを人一倍重く背負わねばならぬ存在であることを痛感する。そうして、彼は堂々とそれを受け、それを背負って生きた、まことに優れた近代建築史家であったことに思い到って、改めてその早い死を惜しむ心の油然たるを禁じえないのである。

# ［I］近代史の中の建築

# 第一章　現実の発展と近代化の努力との結合

新しい建築は人間の必要に対する機能的な科学的な解決と機械に結びついた生産の工業化や部材の標準化に基づかなければならない、という言葉は二〇世紀の始め以来、何度繰り返されてきたことだろう。そしてまた、これらの要素に基づきながら新しい建築の道を拓いた建物がいかに多く建てられてきたことだろう。第二次大戦以後すでに一〇年が過ぎたが、その間日本においてもこうした意味で多くの成果があげられ、多くの建物が建ち、これらの追求は理論的に過去の日本人の生活や建築の生産的基盤の不合理・非近代性とたたかい、それを追いつめて敗北させ、新しい建築が今日の建築のあり方として確立された地位を占めるに至っている。戦前の状態を考えるなら、この一〇年間の新しい建築の発展は非常な勢いであった。

けれども建築の発展を、建築雑誌をにぎわす個々の作品やビル街の光景としてでなく、社会全体の生活や生産的基盤として見ると、すでに敗北したはずの過去の日本人の生活や昔ながらの生産方式がその大半を占めている。新しい建築の確立と発展は建築家とそれにつながる少数の階層のなかで行われたものにすぎなかったのである。このような、建築家の頭のなかで達成された新しい建築像と実際に動いている社会全体の建設の様相との間に横たわるギャップはどうするべきなのであろうか。街に拡がる瓦屋根や田園に散在するかや葺屋根の下でよりよき明日を期待しながら、大多数の人々が数十年前と全く変らない生活を続けている時、一方でジャポニカ論やメキシコ建築、近代建築正統派と社会主義リアリズムの対立などで花を咲かし、また適当な注文者を相手に新しいプランや新しい工法を試みることが「建築の発展」というものであろうか。いうまでもなく、建築の基本的な考え方や計画的・技術的問題の追求は新しい建築の発展に欠くことのできない要素である。けれども戦後一〇年のわれわれの仕事の成果を回顧し、その現実に対する無力さを見ると、今や新しい建築の発展と社会全体の生活の近代化や建築生産の近代化の関係の問題をもう一度考え直さねばならない時がきているように思う。この意味から、二〇世紀以来の新しい建築の発展と建築の近代化がどのようにからみ合ってきたか、を考えてみよう。

## 一　建築の近代化とはなにか

最初に、建築の「近代化」とは何であろうか。私は次のように考える。ある時代は、建物に対する特定の要求をもった人間の生活や意識および建物を生産する特定の生産方法と組織をもっている。このふたつの条件——テーマと方法——は必然的にその時代に適合した建築像を創りあげる。一度できあがったある時代の建築像は、時代が移り、その像を成立させた条件が消えうせ、新しい時代の条件が生れた後にも、ひとつの形式として残存する。その場合、その時代と残存した建築との間には、使い方とつくり方の両面において不均衡、不適合な状態が生れる。いいかえれば建物の内容とそのなかに営まれる生活の不合理化、建物の構成とそれをつくる材料と方法の不適合化・生産性の非能率化が生ずるのである。

この不均衡な状態は必然的に、その時代の現実の条件に適合すべく修正されようとするが、こうした必然的な「建築の現実化」が充分に達成された時、その時代独自の建築像がつくりあげられるのである。現実に適合しない建築が、ある時代、ある地方に何らかの理由で存在した場合、たとえばゴシックからルネサンスに移る一四世紀のイタリアにおいても、また逆にイタリア・ルネサンスが形式的に移入されたイギリスやドイツやフランスにおいても、こうした現実化の過程とそれによって生じた建築の特性の変化・発展が見られる。

建築の近代化とは、特に一九世紀における社会構造と生産手段の急激な発展によって生じたその時代の条件とその時期に存在していた建築とのズレを正し、近代社会の現実に適合しようとした現実化の一種である。したがって異質の建築の現実化という限りにおいては、近代化は、建築の歴史のなかの前述したような、ある時代から時代への過渡期、またはある時代の支配的な地方に形式として完成された建築が、他の従属的な地方へ移入された場合に生ずる「消化作用」と、本質的には同じものである。それらの場合にも常に、その時代および地方の特有の生活のあり方や感情、材料や生産方式が、過去から残存しまた外から与えられた建築との不均衡を解消し、それぞれの社会に適合した建築像をつくりあげてきた。

けれども建築の歴史のなかに数多く存在した「現実化」の前例と一九世紀における「近代化」との間にはなお重要な差がある。それは一九世紀の現実と建築とのズレをつくりだした近代社会の新しい時代特性が、科学的な考え方、産業革命、それに基づく工業資本主義体制によるものであり、それらによる社会構造と生産手段の変革のテンポと規模は、それ以前のすべての歴史的発展と比較して著しく大きかったからである。この変革の重要性はローマからルネサンスに至る一五〇〇年間の石造ヴォールトの発展と、わずか一〇〇年間に発展した鉄骨アーチを比較すれば明らかである。

すなわち、近代初期における建築の現実化の重要性は、それまでの建築が基づいていた時代の条件とそれ以後の建築が基づくべき近代の条件の差が著しかった点にあり、それはまたいいかえれば、建築を現実化するための要点（建物に対する社会の要求と生産手段）が近代以前のそれと質的にちがっていた点にある。したがって近代化の場合には、近代以前の多くの「消化作用」のように、この現実化の過程を歴史的必然にのみ委ねておくことはできず、そこに両者のズレを正しい方向に訂正するための意識的な秩序づけと整理が必要であった。いわゆる近代建築運動の発生の意味はこの点にある。この近代化の要点は、いうまでもなく一方において、商品としての建物に要求された極度の経済的な合理性であり、他方において機械と結びついた生産の工業化であった。そして一九世紀に残存していた建築は、その社会の経済構造の基礎を物の工業生産におかず、また建築生産の基礎を手工業においている時代の現実から生れたものであった。

## 二　抽象的な近代化

このような残存建築と近代社会の現実とのズレを意識し、それを正そうとした建築の考え方の変革は周知のように一九世紀末のイギリス、ドイツ、オランダのいわゆる近代建築運動として生じたのであったが、それらの運動が前述した建築の近代化の要点をはっきりと意識し秩序づけて、その上に過去の建築と全く異なる新しい建築のタイプを骨格づけ、その発展の方向を明らかにしたのは一九二〇年代のコルビュジエやグロピウスやミースやライトのような人々であった。

この初期の基礎づけの時期における近代化・現実化への動きが抽象的・一般的な捕え方であったことは注意されねばならない。残存している過去の建築の非近代的な性質を指摘しそれを否定するためには、近代社会という現実のなかからその一般的特性を抽象しなければならないからである。

コルビュジエにおける「人間」「人間の生活・都市」を新しい目的として抽象に設定し、グロピウスは近代における「工業生産」を新しい建築構成の基本として設定し、ミースは近代的材料である「鉄・ガラス・コンクリート」を新しい建築素材として設定し、デースブルヒは純粋な「平面とマスと空間」を、コルビュジエは「機械の美学」を新しい造型表現の基本として設定した。彼らおよびその同時代の建築家は、このように各々が抽象的に捕えた近代の特性という前提に立って、その前提に適合しない過去の建築を否定したのである。

彼らの抽象した近代の一般的傾向は、現在の立場からいえば一九二〇年代の具体的な現実においてはひとつの「仮定」ではあったが、単なる仮定ではなく、過去と異なる近代社会の新しさの抽象という大きな筋に基づく仮定であった。それ故にグロピウスのバウハウスで試みた住宅工業は、実際的には不成功に終り、コルビュジエのヴァイセンホーフの貸住宅には数年間住む人がなかったし、またミースの鉄とガラスの高層建築は実現されなかったのである。けれども彼らが残存する過去の建築とたたかうために初めて新しい社会の条件を探らねばならなかった時、この新しい現実を一時に、そのあらゆる具体性において捕えることができなかったといって、彼らを責めることはできない。この時代の新しい建築運動がその考え方の純粋さによって近代の基本的傾向を捕え、この基本的傾向をひとつの形にまとめたからこそ、過去の建築を否定することができたのであった。

## 三　具体的な近代化

これらの抽象的な基礎づけはその時期の現実に具体的に適合していなかったとはいえ、近代社会の建築の発展の大きな筋を示し、その基本問題を提起したところに意味があった。そして抽象的なひとつの形式（形の意味だけでなく、考え方として、手法として）にまとめられた新しい建築は、それが近代一般の抽象である故に当然国際的に共通な建築の考え方として全世界に普及し、この獲得された抽象的な近代化という一般性の上に、一九三〇年代以後各地方において、近代社会での各各の地方的特性に適合した、より具体的な現実化が行われてきた。すなわち、抽象的な近代化では考えられなかった各地方の自然的条件、生産の技術と組織の一定の水準、文化的な伝統とそれにつながる人間の生活意識、が規定する各々の地方の現実と抽象的・一般的な前提で得られた新しい建築との間の不均衡を合理化・現実化しようとする段階である。

前者の場合には前に述べたように、それが具体的な現実に即する必要がなかったし、コルビュジエやグロピウスのような人々の制作はその社会の現実から孤立した先駆的実験でよかったし、またそうでなければ彼らの場合の近代化は不可能であった。けれども今度の場合にはその近代化の意義は具体的な現実そのものに立脚するところにある。したがってこの段階では、一九二〇年代に見られた近代化の純粋さと尖鋭さが鈍らされるけれども、それは何ら建築の近代化の後退や混乱を意味するものではない。この純粋さ、抽象性の喪失があってこそ、近代一般の建築の抽象像と各々の伝統と特異性をもつ各地方の現実との間のズレが正され、われわれの時代を、そのすべての具体性において捕えた建築の現実化が可能となる。

いわゆる国際建築運動とか International Style と呼ばれているものは、抽象的な近代化の結果であり、普通それに対比されて考えられている地方主義・新経験主義……の、いわゆる「近代建築は第二期に入った」と、いわれる傾向は、より具体的な近代化の段階を意味している。したがってこれらの諸傾向は、特定の思想に裏付けられた相対立する建築の捕え方ではなく、建築の近代化という一連の連続した発展の異なった段階と考えられるべきである。すなわち、抽象的に考えられた「人間」「工業」「造型」の前提に立つ初期の成果は、ここで初めてそれぞれの地方の具体的な人間の生活、生産の基盤、文化的伝統、気候風土、の特異性を意識しながら修正され発展されていく。それ故に、この段階では、抽象的な近代化にあっては非近代的とされて無視され捨てられた現実の要素――過去とのつながりと伝統の問題や手工業の位置づけ――が逆に再検討されることになる。

こうして、かつて「建築は国際的に共通すべし」と主張したグロピウスは、同じ立場の連続した発展として一九三〇年代に地方主義を説きはじめ、アアルトオやアスプルンドのごとき北欧の建築家は伝統的な情緒と地方的材料や手工業を生かした、いわゆる新経験主義と呼ばれる動きを示し、またイギリスやスイスにおいても伝統と土着の条件の上におだやかな人間的な建築の発展が見られるのである。

## 四　近代化の放棄（その一）

抽象的な近代化ではなく、具体的な近代化が問題であるこの段階において、なお「現実から孤立した先駆的実験」を続けることは、新しい建築に課せられた近代化という目的を放棄することであり、それはその社会の建築の不合理・不適合を正すことに何ら貢献しない。すなわちその内容であるべき現実と関係をもたない形式という意味で、ひとつの形式主義である。

新しい建築の発展や試みが現実の反映であり、秩序づけであることを無視し、その地方の生産条件に即さない抽象的な工業化や標準化や新材料・新工法の技術的発展を意図している場合、またその地方の具体的な人間の生活のあり方や感情に基づかず、抽象的な近代的人間や近代的生活についての合理性を追求している場合、また抽象的に設定された近代に基づく「純粋な」造型表現のために、その地方の自然条件や文化的伝統を軽視している場合、その試みがいかに斬新であろうとも、現実の社会の建築生産全体の合理化と生活水準の向上とには縁のない形式主義といえよう。

このような立場をとりながら、しかもこうした架空の近代を自分の周囲の都合のよい小さな世界に実現し、それが建築の近代化のひと押しであると考える傾向は、個性的な才能への憧憬と客観的な合理精神とあわせ持つわれわれ建築家のおちいりやすい哀れな幻想にすぎず、西欧やアメリカや日本に多く見られるこうした傾向が、いわゆる社会主義リアリズムの立場から正当にも近代主義として非難されうる点なのである。

具体的な近代化の段階の形式主義的傾向において、現代のコルビュジエやミースの制作のように、始めから具体的な現実に即した近代化を念頭においていない立場もある。コルビュジエは彼の理論的帰結である抽象的な人間と都市の構成に基づいてマルセイユのアパートを建て、ミースはスチールとガラスの純粋な可能性を追ってレイクショア・ドライヴのアパートを創った。ともに個性的な才能に支えられた孤立した実験であって、建築の具体的な近代化とは縁のない純粋な形式主義である。けれどもこれらの人々の目指しているものは一定の歴史的条件と時代性をもって絶えず動いていく現実の建築の合理化なのではなく、彼らの設定した動かない世界における一個の建物としての完璧さなのであって、それなりに完結した形式は、現代の現実という部屋の床の間におかれた壮大な置物とし尊重さるべきである。

## 五　近代化の放棄（その二）

形式主義的傾向は、アメリカや西欧の近代主義を非難し、社会主義的な現実尊重を追求するソビエト建築にも、ややちがった姿で考えられる（ここで近代化という言葉を使うのは不適当であるので、代りに現実化という言葉を用いる）。

ソビエト建築における具体的な現実化は西欧と同じように一九三〇年代に始まった。それはそれ以前の、西欧から直輸入され、さらに革命後の情熱に推進された建築のはなはだしい抽象的性格——当時のソ連の低い工業水準と大衆の根強い伝統的復古的感情を無視していた——をその国の現実に引き戻すことから始まった。この現実化は「記念性と象徴とに不能力な……資本主義そのものの合理化され標準化された技術の結果である西欧の構成主義とたたかい」、大衆の生活と結びついた「過去の文化遺産を継承する」ことを目指して行われ、いきおい復古的な傾向となったが、当時のソ連の、スチールやセメントよりも石・煉瓦・木材を主とする生産的基盤や、その国のすべての人間の要求や生活感情を対象とすべきである社会主義国の建築のあり方を考えると、それは正しい現実化であったといえる。けれどもその古典的・復古的・形式的社会主義リアリズムの建築として固定してしまい、やがて同時代の数次にわたる五カ年計画によって急速に発展していた工業化の段階に立ちおくれたのである。

一九三八年の五カ年計画報告のなかで「工業建設において、各構造物の型分けと規格化が欠如し……建築部材の工場生産を阻害する結果となった。したがって今後は高価な仕上げ材料や装飾を用いずに、また建築およびそれに必要な規格化された諸部材の数を減ずる必要から、建物の基本的タイプを作成しなければならない」といわれているような建築生産の工業化が急速に進んでいる時、ソビエトの若い建築家は、モスクワ大学に見られるような古典的な造型の規範やオーダーや渦巻装飾を研究していた。極端な「大衆への奉仕」が、工業化された生産的基盤という現実から遊離した形式主義を導いたのである。

これは、社会主義的な現実化の重点を単に大衆の生活感情と誇示意欲におき、社会全体の合理的な建築生産におかなかったソビエト建築家の過誤であり、西欧の建築家がソビエト建築の形式主義を非難する点もそこにある。

## 六　近代化の推進

以上のような形式主義化は、新しい建築の試みや考え方そのものが社会での建築の近代化または現実化を推進する原動力だと考える建築家の独断によって生じやすい。建築の近代化は、建築家が二〇年代の先駆者らのように「孤立した実験」のなかで生産の工業化や工場生産される新材料の扱い方や機能的な空間を試みることによって「推進されてきた」ものではない。それらの新しい試みはコルビュジエのものにせよグロピウスのものにせよ、その社会の、建築に対してもっていた諸条件の結果であり、反映であり、さらに単なる受動的な反映でなく、その結果を分析しそれに秩序を与え、その条件によってつくられる建築はかくあるべきだという、近代化のひとつの「解釈」であるにすぎない。

このような「解釈」は、近代化についての一般的な理解を深めることはできるが、具体的な建築生産の近代化および生活の近代化自体を推進させることはできない。それを推進させるものは、一定の歴史的・自然的条件をもった地方における近代という社会全体の現実の発展である。「解釈」は、この発展の建築に対する条件の上に立って、それを建築として具象するにすぎない。

けれどもまた一方、この「解釈」は単なる受動的な、その時その時の現実の条件の無秩序な集積ではなく、絶えず進んでいく現実の後に従うものでもない。それは、建築に対する現実の条件をよりよく整えるために、秩序づけた正しい発展の筋に沿って「現実に一歩先立つ試み」を実現していくことによって、その現実の条件にひとつの緊張を与えるべきものである。なぜならこの両者（現実の条件と新しい試み）の間の緊張したバランスがあってこそ、新しい試みや「解釈」が具体的な建築の近代化における積極的な意味をもち、一方、現実の生活や生産的基盤は不合理な停滞性から抜け出すことができるのである。

具体的にいうならば、同じ近代であってもそれが一定の歴史的条件をもった現実である以上、実際にそこで行われている人間の生活のあり方や意識は、習慣として固定しまた惰性的に残存している過去の要素と近代的な要素との複雑な組合せであり、また近代的な工業水準をもつ国のなかにも無数の手工業的な生産方式や封建的な生産組織が重要な位置を占めている場合が普通である。このような現実の諸条件を抽象的な近代の定義から分類し、非近代的要素を理論的に否定することはたやすいが、かかる「解釈」やそれに基づく「試み」はその現実に何ら実際的な意味をもたないのである。このような現実の諸条件のうちから、この現実の生活水準と建築の生産水準を実際に高め得るものを選択し、捨て去るべきものは捨て去り、整理された現実の発展の方向のうえで、この現実の条件がついてこれる範囲内での新しい建築的な試みが現実の発展のための緊張をつくりだすことができるのである。

この緊張が大きすぎた場合（新しい試みが現実の条件より進みすぎている場合）、両者の間の緊張したバランスは破れて、近代化のなかでの建築家の「解釈」は何の役にも立たず、またもし与えられた現実を無秩序のまま単に受入れた場合、両者の間には何の緊張も起らず、建築の近代化は無整理な混乱のうちに推進力を失ってしまう。したがって、現実における近代化の正しい推進力は、この両者間のバランスした緊張によって初めて可能とされる。

現代の資本主義諸国における新しい建築と建築の近代化の結びつきの不完全さは――基本的にはその社会構造それ自体によるのだが――社会全体の問題として捕えられた生活（大衆の生活）に根強く残存している過去の生活と意識という大きな現実を無視し、同時に社会全体として捕えられた場合の建築生産の水準の低さを見落していたことによる。それは前に述べた「大きすぎる緊張」の状態であった。一方、ソビエト建築の発展が建築の「現実化」に失敗したのは、逆に大衆の生活と感情を動かし得ない現実と考えた結果、その建築の発展が社会全体の建築生産の工業化に対する積極的な意味を失ったことによるのであって、これは前に述べた「緊張の欠如」の状態である。

## 七　新しい建築の発展と近代化の結合

以上のことからわかるように、建築家の意識における（現実の解釈としての）建築の発展と現実における建築の近代化の結合は、建築家の設計活動の基礎が、個別的な建築の質の問題からはなれ、社会全体の建築群の質と量の問題におかれることから出発しなければならない。なぜなら設計活動の基礎がそこにおかれる場合には、前に述べたような社会全体の大きな現実が、新しい試みのための唯一の起点とされるはずだからである。

最近、建築生産の合理化という立場からソビエト建築の形式主義的傾向を批判したフルシチョフの演説は、こうした意味のものである。彼は言う。

「多くの青年技師たちは学校の敷居をまたぐかまたがぬうちに……ただ個人的性格の建築物を計画しようとのぞみ、自分の記念碑をつくろうといそいでいる」。「構造主義とのたたかいと、建築における社会主義リアリズムとかの言葉にかくれて、多くの建築技師たちが国民の資金を浪費しているということに、これ以上妥協することはできない」。

ソビエト建築の形式主義的傾向は、建築家の設計活動が官庁・図書館・美術館・学校などの個別的な問題に限られていた時、すなわち社会全体の建築生産の問題と直接結びついていなかった時には許され、建築家は確固たる根拠もなく抽象的に設定したソ連人民の感情に従った恣意的な建築美学や社会主義リアリズムに耽ることができた。けれども社会建設の工業生産的基盤が整えられた現在、建築家はこの現実に無縁な世界で制作することはできず、それ以上に自分の個々の設計活動が工業生産的基盤の発展に積極的な意味をもちうるような方向に、その建築を発展させなければならない。その発展は同時にソ連人民の生活や感情の現実を包含するものでなければならず、したがってこれから後このふたつの筋の中間に建築の現実化と一致したソビエト建築の発展、すなわち正しい意味での社会主義リアリズムの建築の発展が見られるであろう。

建築家の設計活動の対象を、個別的な建築の質の問題から社会全体の建築群の質と量の問題に移すことは、ソ連の場合その社会構造の発展のなかでの必然的な現象であり、建築家にとっては社会からの公式の要求を意味している。

けれども現代の資本主義社会では、建築家の意識における新しい建築の発展と現実の建築の近代化を結合させる決定的な要点である、個別的問題から群的な問題への変化が、その社会構造の発展からは生れてこないのである。したがってこの変化がわれわれの社会に生れうる唯ひとつの可能性は、この社会をより良いものにしようとする建築家の善意、自分の社会的立場に対する建築家の自覚と責任感にある。そのための条件は乏しいけれども、それは現代の建築家の果さねばならない最も大きな課題である。

# 第二章　日本近代建築の現状

## 個人的な経験

ぼくが大学の建築学科に入学して以来、現在にいたるまでの二六年間を想い出してみても、欧米の近代建築に対するわれわれの受けとり方や感じ方はずいぶん変ってきた。

学生時代のぼくにとっては、コルビュジエとかグロピウスとかミースといえば、多くの書物を通してその作品や思想を心から信奉すべき、神様のような存在だった。また終戦後の一〇年間——昭和二〇年代におけるわれわれのあわれな生活環境や建築生産環境と比べて、アメリカでの機械化された近代生活や自動車の氾濫や高層建築群は、夢のような海の彼方の情景だった。

ぼくは昭和二〇年から二四年まで大学院にいたのだが、その当時一般学生が海外の建築雑誌を自由に手にとって読める場所は、日比谷劇場の前にあったＣＩＥ図書館——占領軍司令部の民間情報局が一般公開していた小さな図書館で、今はない——だけだった。ぼくは、そこで新着の雑誌をひっくりかえしながら、マルセイユのアパートなどのコルビュジエのはなやかな活動、イギリスでの公営住宅や学校群の着実で活発な復興建設、また新しくヨーロッパから移ったグロピウスやミースやメンデルゾーンなど、近代建築運動の指導者たちを吸収したアメリカ新建築のすさまじい普及と展開——などを、飢えた人間が握り飯を呑みこむような感激で読んだ。

要するに、第二次大戦前の近代建築は、その中心をヨーロッパからアメリカに移動しながら、欧米では依然として健在であり、しかも戦前とは比較にならない一般性をもって、社会全体に普及している、という情景に対する感動。また、はるかにおくれてはいるが、日本にもやがて、そのような新しい建築が成長するであろうし、また成長させなければならないという期待と使命感。けれどもまた、それらは所詮われわれとは断絶した別世界の出来事ではないのか、という不安。そのような気持が複雑に入りまじっていたのである。

しかし、昭和二〇年代の後半になると、朝鮮戦争の勃発と特需景気とを背景に、鉄骨や鉄筋やセメントやガラスが出回り、ビルブームが始まった。昭和二六年には現在のパレスサイドビルの敷地にリーダーズ・ダイジェスト東京支社（アントニン・レイモンド）、鎌倉の鶴岡八幡宮の池に面して近代美術館（坂倉準三）、八重洲口近くの昭和通りにブリヂストンビル（松田軍平）が建ち、昭和二七年には、日比谷交叉点に日活国際会館（竹中工務店）、鍛冶橋近くに日本相互銀行本店（前川国男）、広島にはピースセンター資料館（丹下健三）が完成した。

これらの建物は、現在から見れば、特にすばらしいとはいえない。けれども当時の建築家にとって、それらは、昭和一四〜一五年頃から十数年にわたる建築の空白期を経て初めて見る、鉄骨や鉄筋コンクリートやガラスや軽金属パネルやその他合成材料などの近代的素材による本格的建築であった。また、それらは、戦前の多くの建築がそうであったような、過去の様式や装飾に囚われることなく、欧米の先進近代建築運動の精神を理解し信奉した日本の建築家たちの、構造的または機能的合理性の追求に基づいた「近代建築」であった。ぼく自身も、焼ビルやトタン張り住宅群の立ちならぶ街のなかにポッポッと建てられていくそれらの建築を眺めながら、いよいよ日本でも一九二〇年代や三〇年代の欧米に展開されたのと同じシーンが（二〇〜三〇年おくれてはいるが）始まるのだと、胸のふくらむ気持であった。

昭和二九年にはハーバード大学で新しい建築教育を確立したグロピウスが日本にやってきた。またロンシャンの教会を完成した直後のコルビュジエも、上野の西洋美術館を建てるために日本にきた。また同じ頃アメリカでは、シカゴのイリノイ工科大学教授となっていたミースの全盛期が始まっており、鉄骨組と全面ガラスのミース風スタイルは、アメリカ全土だけでなく、同時期の全自由世界アメリカ化の大波にのって、日本の建築家にも圧倒的な影響を与えていた。

こうして昭和二五年頃から昭和三〇年代の前半までの日本の建築は、グロピウスやコルビュジエやミースが一九二〇年代に拓いた先進近代建築の線を追って、それを範として、進行していた。そこには、日本の伝統をいかに生かすか、新しい建築は民衆の生活にいかに結びつくのか、また欧米よりはるかに低い工業水準や封建的性格の強い日本の建築生産組織をどうしたらよいか、などの問題が少しずつ浮び上ってきていたが、その時期の基本的方向は、グロピウス、コルビュジエ、ミースの線であったといえる。

それから約一〇年たった現在は、どうであろうか。たとえば昭和三九年の東京オリンピックでは、丹下健三による代々木の国立屋内体育館が建った。それは、プランの独自の機能的なまとめ方、巨大なコンクリート支柱と主ケーブルと鉄骨による新しい吊り構造方式、そのプランと構造の特性から論理的に創造された新しい造形という点で、全世界からその独創性を賞讃された。またたとえば昭和四二年には、村野藤吾による千代田生命本社が東京目黒に完成した。それはアルキャスト（鋳造アルミニウムの薄板）という日本独自の新素材の造形的可能性を追求して、欧米には見られない新しい造形美を創りだすことに成功した。このような世界的に見ても高く評価される作品は、日本の現代建築のなかにかなり見られるようになった。

これは単に、丹下とか村野という個人の才能の問題にとどまらず、日本の現代建築全体の水準が、グロピウスやコルビュジエやミースが拓いてきた近代建築を一生懸命に追いかける段階を完全に脱したことを意味している。

また最近一〇年間における若い建築家の成長も目覚ましい。大谷幸夫、大高正人、菊竹清訓、槇文彦、磯崎新、黒川紀章……など現在三〇代や四〇代の中堅建築家のなかでは、欧米の先進建築を追いかけるのではなく、現代に生じている建築や都市の問題と取り組むことによって、欧米の同世代の建築家と肩を並べて進んでゆこうとする姿勢がますます強くなっている。それは単なるひとりよがりの自信ではなく、彼らの仕事は欧米の同世代の建築家に高く評価されており、彼らのうちの何人かはアメリカやヨーロッパの大学で学生を指導し、また多くの国際的な会議で現代世界に共通する都市や建築の問題を討議し合うようになった。

そしてこのような若い世代の建築家に共通していえることは、もはやコルビュジエやグロピウスやミースの近代建築理念と形式とを信奉せず、それを否定し克服しようとしていることである。日本も含めた現代の先進工業国に共通して進行している急速な都市化の現象（人間の生活環境の激変）

は、昔の近代建築理念がそのままでは通用しなくなったことを明らかにした。日本の現代建築は、かつてそれを信奉し追い求めた「近代建築」を追放し、世界の現代建築の先頭集団の一人として、新しい道を拓きつつあるのである。

このように日本の新しい建築は、昭和二〇年代から四〇年代にかけて、その様相を一変してきた。この激動期を生きてきた、また生きつつあるわれわれは、一面では生き甲斐ある時期にめぐり合わせた幸運をよろこぶべきであろうが、同時にこの激動のなかからよりよい将来の道をととのえなければならないという歴史的責任を負わされている。この歴史的責任にこたえるために、われわれは、この激しい変化の底流にあるものを、また日本の近代建築史において現代はどんな位置にあるのかを、考えてみる必要がある。

## その社会的変化

明治政府が外人建築家を招いて多くの官庁建築を建てさせ始めて以来一〇〇年間、日本の建築は常に欧米の建築を模倣し、理解し、追いかけつづけてきた。それが、昭和四〇年代に初めて、それら先進諸国と肩を並べて進む段階に達したのである。いいかえれば、同じ性質の社会的条件をもつ「現代」に対応して、ともに考え、ともに悩み、ともに影響し合う段階に達したと思われる。

けれどもそれは、日本の新しい建築の質がこの時期に急上昇したからではなく、またこの時期に以前よりも秀れた才能をもった新しい世代が現われたというわけでもない。

現代の日本において、建築設計の独創性や考え方の独自性に関する後進性が解消され、あるいは解消されつつあるという現状は、何よりもまず、現代日本の文明史的段階に基づくものである。過去一〇〇年間にわたって西欧化と近代化を目指して進んできた日本の社会は、昭和四〇年代において初めて、先進資本主義社会と同じ体質に成長し、また同質の成長にともなって生ずる同質の疾患に悩み始めた。そして建築家たちは、緊迫した社会と人間生活環境の必要として現われた新しい課題といい、それを解決するために展開すべき技術といい、欧米の先進工業諸国と同じ性質の建築環境を迎えたのである。

第二次大戦以後の欧米では、とくにアメリカでは、一九五〇年頃から技術革新と膨大な国家投資に基づく画期的な生産の上昇が見られ始めた。日本における生産の上昇やそれに基づく生産環境と消費環境の変化は、それより若干おくれて、一九五〇年代の後半から——昭和三〇年頃から——始まったのだが、その変化は、この時期の他のどんな先進工業諸国よりも急速で広範であり、その影響は、日本の社会構造の内部ふかく浸透した。

昭和三〇年から四〇年にいたる一〇年間の工業生産の上昇は、三・七倍に達し（この時期で世界最高の伸び）、同じ時期の第二位の上昇国であるソ連の二・五倍をはるかに凌駕している。この時期の国民総所得は約三倍強に伸び、設備投資は、昭和三〇年の二七〇〇億円から、昭和四〇年の二兆円に増大し、この一〇年間の設備投資合計は一二兆円に達した。

工業生産や総所得の急速な上昇は、ただ量の問題にとどまらず、日本社会の体質を——いいかえればそこに生きる人間の働き方、住まい方を——著しく変化させた。

そのひとつとして、日本における産業別人口比率をとりあげてみよう。第二次大戦前の日本は、工業国への道をたどっていたとはいえ、なお日本人全体の五〇パーセントは農業に従事していた。それが昭和三〇年には、農業四〇パーセント、工業三〇パーセント、第三次産業三〇パーセントとなり、昭和四〇年には、農業二五パーセント、工業三二パーセント、第三次産業四三パーセントに変化し、昭和四三年に農業人口はついに二〇パーセント以下となった。日本社会の職業構成は、比較的安定して変らない工業人口をはさんで、完全に逆転したのである。

この職業構成の逆転は、この日本列島に住んでいる人間群の働き方と住まい方が一変したことを意味するものであり、それは、急激な都市人口の増加となって現われた。総人口に対する六大都市(東京、横浜、名古屋、京都、大阪、神戸)人口の比率は、昭和二五年の一四パーセントから昭和四〇年の一九パーセントに急増し、それに伴って六大都市の地価は、最近一〇年間に、七～一五倍に急騰した。

このような人口の都市集中によって、自動車に溢れてマヒした道路、ぎゅうづめの通勤通学の交通、市街地の無秩序な膨張に追いつけない上下水道、また工場群や住宅群の過密と混在から生れるさまざまな公害……など、無数の新しい問題が次から次へと現われた。同時に日本の所有自動車数についても、戦前の昭和一〇年頃にはわずか一四万台であり、昭和三〇年にしてもまだ八六万台であったのが、昭和四〇年には六四〇万台に急増し、現在では一〇〇〇万台に迫ろうとしている。これもまた、新しい都市問題の緊迫度をよりいっそう強めている。

昭和三〇年から昭和四〇年代にいたる時期の日本に生じた社会的変化——人間群の働き方や生活

様式の変化――は、世界史においても他に類例が見当らないほど著しいものであった。都市における生活も、農村における生活も、すっかり変ってしまった。それに応じて人間生活のために建設される都市や建築のあり方もすっかり変りつつある。

千里ニュータウンのような人口十数万の新しい都市が、いままで田畑にかこまれた丘陵地に出現し、そこには昔の都市には見られなかったようなさまざまな建築や公共施設や交通施設が、人間の新しい生活像をつくり出している。また都市の内部でも、大きな中央駅には一日数十万から数百万の人間が乗降し、そこには駅ビルや地下街や劇場やオフィスビルが巨大な複合建築を形成したり、古い街や工場跡地では再開発が行われ、高層のアパート群が、商店街や娯楽施設を伴って建設されつつある。

農村においても、とくに都市周辺の農村では、営農形態が著しく変化している。養鶏豚酪農など経営を多角化し、専業農家は次第に減少しており、自動車や耕耘機をはじめさまざまな機械化が進行し、それが日常生活面の変化となって現われている。秋田県の八郎潟で大規模に試みられている機械化され合理化された大農経営とそれに基づく新しい農村集落の建設は、新しい方向のひとつを暗示している。

都市と農村の両面に生じているこのような変化が、正しい方向を向いているともいえないし、そこに新しい満足すべき生活環境が生れつつあるとはとうてい言えない。

けれどもここに、建築家にとってまったく新しい仕事が生れていることはたしかである。いままでに存在しなかった複雑な機能をもった建築課題、その単体建築がその地区やその都市といかに結びつくかという問題、また新しい社会需要を予測してそれに応じた建築機能を創りだすこと……などがそれである。

第二次大戦前の昭和初期も含めて、昭和三〇年前半までの建築家は、与えられた敷地に、与えられた予算内で、社会通念的にいちおう決定された建築機能を満足できる建物を、設計すればよかった。けれども現在の建築家は、その地域が将来どうなっていくか、そこには地域全体から考えてどんな機能の建築が建てられるべきなのか、その建築の使われ方はどのように変ってゆくだろうか……など無数の問題を、建物の設計とともに、追求し解決してゆかねばならないのである。

これは、現代の建築家と昔の建築家のおかれた社会環境を決定的に区別する要因のひとつである。

## その技術的変化

他方、同じく急激な変化が、建築を造る技術面についてもいえるであろう。

第二次大戦前の日本における粗鋼生産高の最高は、昭和一四年頃の年産五〇〇万トンであり、しかもその大半は軍需に向けられていた。それが、昭和三〇年には一〇〇〇万トン、昭和四〇年には二八〇〇万トンに上昇し、アメリカとソ連に次いで世界第三位となった。また日常生活の近代化のひとつの指標である、鋼の国民一人当りの年間消費量も二〇〇キロを越えた。日本は、この時期に初めて、アメリカやソ連には劣るけれども、イギリスや西ドイツなどの先進工業諸国に匹敵する鉄の文明に到達したのである。

この生産的基盤の発展は、建築生産の主材料の交代となって現われた。

各年度に着工された全建築物の床面積を、木造とそれ以外のもの（鉄骨と鉄筋コンクリートと補強ブロック）について比較すると、昭和三〇年には、五対一であったが、昭和四〇年には、一対一となった。また同じ時期の全着工建築物の工費を、同じ構造物について比較すると、昭和三〇年には、二対一であったが、昭和四〇年には、一対一・五に逆転している。

このような建築生産の主構造材料の全体的な変化は重要な意味をもっている。日本では第二次大戦前からさまざまな近代建築運動が展開され、鉄骨や鉄筋コンクリートの建築も数多く建てられていた。また欧米の近代建築を追う日本の新しい建築家の気持のなかでも、鉄やコンクリートやガラスが不可欠な近代的素材として謳歌され尊重されてはいた。けれども建築生産全体の現実のなかでは、そのような理念は根の浅いものでしかなかった。新しい建築の考え方を支える技術的基盤は、昭和三〇〜四〇年の時期に初めて、日本に定着したのである。

またこの時期には、建設産業の大規模化と機械化による施工技術の進展、各種部品メーカーの進出と多様化、機械設備製造業の規模や技術の著しい向上、さらに高引張鋼や大形圧延鋼や鋳鋼などいままで見られなかった高性能の構造材の普及、PS化された各種プレキャストコンクリートの普及……。これらを総括してみるならば、昭和三〇〜四〇年の時期における建築生産サイドにおける変化もまた、社会環境の変化と同じように、欧米先進工業諸国に比べて、はるかに急激であったといえよう。

このような建築生産をめぐる諸企業の規模と質の発展には、昭和三〇年代後半における構造工学や環境工学の新しい成果が決定的な役割を演じた。もっとも著しい例のひとつは、同じ時期に進行した動的解析に基づく新しい耐震構造の理論と技術が、地震国日本において、高さ一五〇メートルの超高層建築の建設を可能にしたことである。これは、一定の容積制限と組み合って、広々とした空地を残しながら、都心のビジネスセンターを形成してゆく可能性をもっており、その意味で前節で述べた新しい社会環境の創造には欠くことのできない新しい手段となるだろう。

かつて大正中期には、静的解析(設計震度の考え方)に基づいた耐震設計理論がつくられ、その技術を不可欠の基盤として、丸の内街のようなビル街が建設された。現に成立した超高層技術は、それに勝る画期的進歩である。

新しい建築関連工学の成果を吸収した技術者は、構造の分野だけでなく、環境工学や設備技術、さらにまた素材や施工技術の分野にも数多く成長しつづけてきた。この時期におけるそれらの人々は、一方において建築関連産業の発展を指導し重要な影響を与えると同時に、他方において建築家の設計活動のなかでは不可欠な協力者としての役割を果すようになった。これは、建築家の側からいえば、現実に進行している建築生産の発展に直接に接触しながら、それを手段として新しい課題に立ち向うことのできるネットワークが成立していることを意味する。これも重要である。

前に述べたように、新しい建築の考え方をささえる新しい技術的基盤は、昭和三〇〜四〇年の時期に初めて日本に定着した。けれどもこの新しい技術的基盤と実際の設計活動をつなぐネットワークがなかったなら、新しい技術的環境がもっている潜在的エネルギーは、日本の現代建築の展開のなかに力強く現われることはできなかったであろう。

このような現実の生産技術に密着した、建築の土着的な近代化を可能とするネットワークもまた、昭和三〇年代以前の日本には見られなかった新しい設計環境なのであり、数多く成長している構造、設備、施工技術者たちこそ、その担い手である。

## 日本近代建築史における現代の意味

以上の社会的変化と技術的変化に見られる現状の意味を要約すれば、次のようになるだろう。

日本の建築環境は、昭和三〇〜四〇年の時期に急激に変化した。この変化は、次のふたつの点で、日本の近代建築史の新しい段階を示している。

第一の点は、これまで述べてきたように、急速に欧米先進国と同質の現代資本主義段階に突入した日本の社会構造（人間の働き方と生き方）の変化によって、建築の機能と技術が著しく変化したこと。いいかえれば、この時期の建築が、生産構造と職業構成の再編成およびそれに伴う人口の移動とに応ずべき新しい生活環境を、それ以前とは比較にならない規模と質の技術的基盤に立って解決しつつある、あるいは解決しなければならない立場に立たされている、という点である。この立場の基本的方向は、欧米の先進工業諸国と同じであり、その意味では、日本の現代建築は、欧米のそれと肩を並べて進んでいると言えよう。

けれども第二に、日本と欧米の建築環境はまったく一致しているわけではないという問題がある。現代資本主義また高密度経済社会という点では共通しているが、近代日本における資本主義体制の生成過程、日本列島の狭さや地理的また地形的条件、この時期における体質変化の際立った急激さ……から生れる見逃すことのできない特殊性が生れている。

いいかえれば現代日本の建築環境は、大きく全世界の現代史の動きに包括させると同時に、欧米と対等の土着性また自発性をもって展開している。明治維新以来一〇〇年間の波の後に、日本の建築はここに初めて、欧米と同質で同等の、しかも土着的で自発的な建築環境を迎えたということができる。これが、第二の点である。

明治初期、政府は外人建築家を招き、彼らや彼らに教育された日本人建築家の手で、ヨーロッパの石造や煉瓦造の建築技術や様式が明治日本に急速に移入された。それは、日本の建築史における画期的な変化であった。けれどもそれは、あくまで後進国としての模倣であり、先進異種文明の移植であった。

明治末から大正中期にかけても、日本の建築環境は激しく変化した。この時期に初めて自転力をそなえた日本資本主義体制の著しい成長が生み出した新しい建築環境は、建築機能からいっても、技術的にいっても、画期的な変化であった。欧米から移入された鉄骨と鉄筋コンクリート技術は、この時期に日本に定着し、また欧米の近代建築の考え方もまた、この時期に日本に成長しはじめた。けれどもその時期の建築環境は、第一次大戦直後の欧米のそれと同質ではあったが同等ではなく、日本の建築は、依然として先進文明を追いかけていたのである。

したがってわれわれは、日本の現代建築が迎えつつある新しい環境を次のように位置づけることができるだろう。

それは、過去一〇〇年間の日本建築の展開において、明治初期と大正中期に次いで、第三回目の画期であり、それは将来の日本建築にとって、前者よりもはるかに重要な新しい段階への突入を意味している。

# 第三章　一九世紀初めより一九二〇年代に至る建築の近代化について*

本章は、近代建築の発生と発展の過程を、近代社会の条件——近代の社会構造と経済関係と生産技術の発展——が、必然的に建築をその条件に適合させるべく近代化させた過程として、また、それを意識した建築家が、それらの条件の特性的なあり方のなかから直接に新しい建築創造の姿を追求した過程として、それぞれ捕え、こうした立場の上で、この建築の近代化の過程が、一九世紀における建築技術の近代化、一九二〇年代における現代的近代の問題の発生、というふたつの段階を経て、いかにして一九二〇年代に近代建築を成立させたかを、考察している。

## 一　建築の近代化について

### 1　建築の発展の動因としての現実化の過程

ひとつの時代、ひとつの地方は、建物に対する特定の要求をもった人間の生活様式と生活意識および建物を生産するための特定の生産方法と生産組織とをもっている。前者はその時代の社会構造によって基本的に規定され、後者はその時代の技術と経済組織によって基本的に規定される。

このふたつの条件——課題と方法——は必然的に、その時代、その地方に適合した建築の基本的なあり方を創りあげる。建築史におけるさまざまな時代と地方における建築の特性は、このふたつの条件によって、その基本的な骨格を決められるのである。

*　本論文は，建築学大系 6「近代建築史」（彰国社，1958）の欧米近代建築史のなかで筆者が担当した部分を骨子として加筆再編成したものである。したがって，すでに前掲書に公表されている部分は，全体の論旨にとって欠くことができない部分を除いて，省略してある。

建築の歴史を、様式や意匠とは別の、以上のような経済史的また技術史的立場から理解するとき、建築を発展させ変化させていく動因はどこに求められるだろうか。それは次のような現実化の過程の繰返しのなかに求められる。

すなわち――ひとたびでき上ったある時代、ある地方の建築の基本像は、時代が移り、その像を成立させた条件が消えうせ、それとは違った新しい時代の条件が生れた後にも、ひとつの建築形式として残存する。その場合には、その時代に残存した建築とその時代の条件との間には、建築機能的なまた建築生産的な面で、不均衡、不適合な状態が生れる。いいかえれば、建築の形式とそのなかに営まれる現実の生活の衝突、既存の構造方式と現実の材料および生産方法の不適合化や生産性の非能率化、が生ずるのである。

この不均衡な状態は必然的に、その時代の現実の条件に適合しようとして修正されていくが、これがひとつの特性をもった建築の出発である。そしてこの必然的な「建築の現実化」が充分に達成され、その時代の条件とその時代の建築に静的な均衡が生れるとき、その時代独自の建築特性が完成される。

現実に適合しない建築が、ある時代、ある地方に、何らかの理由で移入された場合、たとえばゴシックからルネサンスに移る一四世紀のイタリアにおいても、またイタリア・ルネサンスが他国に形式的に移入された場合においても、こうした現実化の過程とそれによって生じた建築の特性の変化・発展が見られる。

建築の歴史は以上のような、残存した建築と時代の条件の不均衡――→それを修正する現実化の過程──→その時代の建築特性の成立──→建築と条件との不均衡、という順序で繰り返し進められ、その基本的な動因として現実化の過程、が考えられるのである。

この史的観点に立って近代建築史を見るならば、それは、一九世紀における社会構造と生産手段の急激な発展によって生じた、その時代の条件（近代社会の条件）と、その時期に存在していた建築との間の不均衡を正し、それを近代社会の条件に適合させようとした現実化の一過程として捕えることできる。

本論文は、近代建築の生成と発展とを、この現実化の一過程（この場合には近代化）として解明しようとする立場に立っている。

### 2　建築の近代化とその起点

異質の建築の現実化という意味では、建築の近代化は、建築の歴史における前述したような、ある時代からある時代への過渡期、またある時代の中心的な地方に成立した建築形式が他の従属的な地方へ移入された場合に生ずる現実化の過程と本質的には同じものである。

けれども建築の歴史のなかに数多く存在した現実化の過程の前例と、一九世紀における現実化（近代化）との間には、なお重要な差異がある。

それは、一九世紀の現実と残存する建築との不均衡をつくり出した近代社会の新しい時代特性は、科学的思想、産業革命、それに基づく工業資本主義的な社会構造、によるものであって、それらによる社会組織と生産手段の変革のテンポと規模は、それ以前のすべての歴史的発展と比較して著しく大きかったからである。この変革の重要性は、ローマからルネサンスに至る約一五〇〇年間の石造組積ヴォールト構法の発展と、わずか一〇〇年間に発展した鉄骨アーチ技術の成果とを比較しても明らかである。

すなわち、近代初期における建築の現実化の重要性は、近代以前の建築が基づいていた時代の条件と、それ以後の建築が基づくべき近代の条件との差が著しかった点にあり、さらに言うならば、建築に現実化するための要点が近代以前のそれと質的に(封建社会から資本主義社会へ、個別的な経験的思考から体系的な科学的思考へ、手工業技術から工業技術へ)ちがっていた点にある。

したがってこの近代化は、近代以前の多くの現実化のように歴史的必然にのみ委ねられることなく、両者の不均衡を正しく修正するための意識的な秩序づけと整理によっても動かされた。一九世紀末から二〇世紀にかけてのいわゆる近代建築運動の存在の意義はこの点にある。

けれども近代建築運動は、建築の近代化のひとつの現れではあるが、その本体ではない。それは、新しい現実に対する建築家の解釈または Sollen (かくあるべき) の意識が、近代化を促進し秩序づけようとした動きである。それは、さまざまな形で現われ、建築の近代化の過程に見のがし得ない意義をもっている。けれども建築全体の発展を動かしてきた原動力は、それら建築運動にあったのではなく、社会全体の体質の変化と生産技術の進歩に基づくものであった。したがって、近代建築の生成を建築の近代化の過程として捕えようとする本稿の立場にとって、近代建築運動の歴史は二義的な対象である。

では、こうした意味での建築の近代化の起点はどこに求められるだろうか。

われわれは、一八〜一九世紀に、人間の生活のなかにそれ以前とまったく違った状態を持ちこんだ社会構造と生産技術の著しい変革を知っている。工業資本主義体制と機械生産とによって特性づけられ、一般に近代社会の生成と呼ばれているこの変革は、次のふたつの面で建築のあり方を大きく変化させた。

第一に、工業資本主義的な生産関係に基づく近代社会の発展が必然的に、建築生産の主要対象を、非生産的な宮殿や劇場や寺院から、生産的な工場や市場や交通施設に移行させ、それがまた建築の実用性・効用性に対する機能的な追求を、建築創造におけるもっとも重要な要素にひきあげたこと。(課題の交代)

第二に、工業技術の発展によって大量に供給されはじめた新しい材料が、科学的な思考に基づく新しい構造技術と工学とに組み合わされて、それ以前のとは全く異質の建築生産技術と組織をつくり出したこと。(方法の交代)

こうした変革によって生れた、建築をめぐる新しい現実の条件は、それ以後の発展とそれ以前の建築のあり方をはっきりと区別するものであり、したがってわれわれは、建築の近代化としての近代建築の起点を、機械生産と工業資本主義体制によって特性づけられた一八～一九世紀の近代社会の生成のなかにおくことができる。

### 3　近代化の過程における一九世紀的近代と現代的近代

前節で述べたように、建築の近代化を規定した新しい条件は、機械生産と工業資本主義体制によって特性づけられるのだが、一九世紀から一九二〇年代に至るまでの近代建築の発展を、この条件にのみ適合しようとしてきた単調な近代化の過程として考えることはできない。なぜなら、建築が近代化される一方、その近代の条件自体も、ある限界のなかで変化してきたからである。近代建築の成長を理解するためには、この条件自体の変化を考慮することが重要である。

それは近代史一般において、一九世紀的近代と現代的近代として区別されている変化である。一九世紀における自由主義的な工業資本主義体制は、二〇世紀に入るとともに、企業の集中と大規模化、産業の合理化と独占、金融資本の産業支配を特定とする、より統制的な高度資本主義または修正資本主義的体制に発展した。

一九世紀的近代の主要課題は生産手段に直結する産業建築であったが、ここでは、それに加うる新しい課題、都会における商業中心の造成（高層形式の事務所群）と修正資本主義的立場からの集団住宅地建設を含む都市計画、が生れてくる。この現代的近代の条件の新しさは、第一次大戦を契機として社会主義体制に基づく諸国家が成立したことによって、さらに複雑化されてきた。

したがって、現代的近代の条件に適合しようとする第一次大戦以後の建築の近代化は、たとえば一八八九年のパリ博覧会の機械館や一九〇九年のAEGタービン工場のような、一九世紀的近代の条件に基づく近代化の過程と同じ性質の発展として考えることはできない。

けれども同時に、数千年の建築の歴史全体にわたる視野で現在の建築の近代化の過程を考えるならば、われわれはまず近代社会の発生によって近代以前の建築と区別される近代化の大きな特性を捕え、その範囲において、一九世紀的近代と相違する現代的近代の条件およびそれに基づく近代化の過程の特性を理解することが重要である。

このような近代社会の条件は一九二〇年代にいたって初めてひとつの新しい建築形式に昇華されたのだが、この場合その新しい形式すなわち二〇年代の近代建築の原則と形式のもつ抽象的性格が注意されねばならない。

近代社会に残存した過去の建築と新しい現実の条件の不均衡を意識してそれを正そうとした動きは、前述したように一九世紀末のイギリス、ドイツ、オランダにおける近代建築運動として初めて現われたのだが、建築の近代化の要点をはっきり意識し秩序づけて、その上に過去の建築と全く異なる新しい建築のタイプを骨格づけ、その発展の方向を明らかにしたのは、一九二〇年代のコルビュジエやグロピウスやミースやライトのような人々であった。この二〇年代における基礎づけの時期の近代化は、それ以後のものと比較して、より抽象的・一般的な立場で意識され、進められたものであった。

残存している過去の建築の非近代的特性を指摘し、それを否定するためには、近代の条件のなかからその一般的特性を抽象しなければならないからである。

コルビュジエは近代における「人間」「人間の生活と都市」を新しい目的として抽象的に設定し、グロピウスは「工業生産」を新しい建築方法の基礎として設定し、ミースは「鉄・ガラス・コンクリート」を新しい建築素材として設定し、デースブルヒは「平面とマスと空間」を、コルビュジエは「機械の美学」を新しい造形の基本として設定した。この時期の指導的な建築家らは、このように、それぞれが抽象的に捕えた近代の条件の特性を前提し、その前提に立って、それに適合しない過去の建築を否定したのである。

彼らの抽象した近代の条件は、現在の立場からいえば、一九二〇年代の現実においてはひとつの「仮定」であったが、単なる仮定ではなく、過去と異なる近代社会の新しさの抽象という大きな筋に基づく仮定であった。それ故この時期の建築家は実際には失敗に終ったり実現されなかったものが大半であった。けれども彼らが初めて新しい社会の条件を探らねばならなかったとき、この新しい現実を一時に、そのあらゆる具体性において捕えることは不可能であったし、また逆に、この時期の建築家はその抽象の純粋さによって近代の条件の基本的傾向を捕え、この傾向を大きな筋でひとつの形にまとめたからこそ、過去の建築の不適合性を明らかにすることができたのである。

これが抽象的な近代化の段階である。

この抽象的な基礎づけは、その時期の具体的な現実に適合していなかったとはいえ、建築の近代化によって生れる建築の大きな筋を示し、その基本的な問題を提起したところに意味があった。そして次の段階では、ここで獲得された抽象的な近代化という一般性の上に、一九三〇年代以後、世界の各地方において、近代社会での各々の地方的特性に適合した、より具体的な現実化が進行する。すなわち、抽象的な近代化の段階では考えられなかった各地方の自然条件、生産技術と組織の一定の水準、文化的な伝統とそれにつながる人間の生活意識、が規定する各々の地方の現実の条件と、抽象的な段階で得られた新しい建築タイプとの間の不均衡を合理化・現実化しようとする段階である。

これが具体的な近代化の段階であり、一九世紀に始まった建築の近代化の成果が、近代社会の一人一人の人間生活にまで到達し、結びつこうとする最終の段階であるといえる。

こうした意味から、一九二〇年代に成立した近代建築を現在の立場から正しく理解するためには、それがもっていた抽象性の積極的な意義およびその限界を歴史的に正しく位置づけることが重要であると思われる。

## 二　近代社会の条件——一九世紀の技術と建築

### 1　新しい課題

すべての時代は、その時代の特性をもっともよく現わす典型的な建築課題をもっている。その課題は、その社会の経済的な支配権をもっている階級が自身の立場を発展または保持するために、どんな種類の建築をもっとも強く必要とするか、によって決められる。

奴隷制に基づく古代ローマの共和国時代の典型的な課題は、フォーラムや浴場や競技場や神殿のような公共建築であったし、土地および農奴に対する領主の封建的支配に基づく中世ヨーロッパの典型的な課題は、城塞と寺院におかれていた。そしてその時代の建築生産のための最大の富と最高の技術がその中心課題に集中されるために、その時代の建築の一般的なあり方は、この課題がどんな性質のものであるかによって、大きく影響されるのである。

近代社会の新しい社会構造的な変化は、機械による商品生産を推進する工業資本家が、それまでの封建的支配の象徴であった国家の権力の後見またはそれへの従属的立場から解放されて「経済の主体として資本主義経済の内部的本質に従って、経済過程の唯一の統率者となった(注1)」ところから始まり、それとともに、商品の工業生産とその交易に基づいた新しい社会生活、人間の営み、が生成した。そしてこの一八世紀後半から、新しい社会発展の担い手である工業資本家は、それまで蓄積していた膨大な富と最新の技術とを、その発展のためにもっとも必要である工業生産とその交易に直結する建築——工場・倉庫・市場・取引所・百貨店・停車場・橋梁・事務所——に注ぎはじめたのであった。

いうまでもなく、この時期に建築生産の焦点がすっかり交代していたわけではない。一八〜一九世紀を通じて、近代以前の典型的な建築課題であった宮殿や寺院やまた官庁・博物館・劇場などの、国立または王立の記念的建築は建設されつづけ、それらの建築としての性質は他の建築一般のあり方に強い影響を与えつづけ、さらに新古典、新ゴシックまたは折衷主義など、一八〜一九世紀を特徴づけている「建築芸術」的な展開は、それらの建築をめぐって行われ、考えられていた。

けれども工業生産と商品の交易には無関係なそれらの建築は、新しい近代社会の発展には無縁であり、それ以後の建築の展開には積極的な意義を持ってはいなかった。そして近代社会が発展するにつれて、いいかえれば、これらの建築に費される富の量と技術の高さが、新しい建築課題に費される富と技術によって凌駕されていくにつれて、一九世紀末には、その時代の建築生産の焦点が移行し終えたという事実は、だれの眼にも——建築家にとっても——はっきりと理解されるようになったのである。

では、これらの新しい建築課題に内在し、同時にそれ以後の建築一般のあり方を、それまでの建築と区別した特性は何であったろうか。

第一に、それらが形や空間の表現性や装飾性よりも先に、与えられた実際的な用途を満たす機能性の上につくらるべき種類の、生産的建築であったこと、である。もちろん機能性は建築本来の要素であり、われわれはすべての時代の典型的な建築のなかに「機能的伝統」をトレースすることができるし、またどんな時代においても、その時代の富と技術を集中した典型的な建築群のかげに、粉挽き小屋や職人の工房や水車小屋のような生産的建築群があったことを知っている。したがって「機能性」も「生産的建築」もともに、近代独自の新しさとはいえない。けれども基本的には造形性や装飾性とは無関係な、機能性にのみ基づくべき生産的建築群が、社会の建築生産の焦点として登場したことは、近代社会において初めてであって、このことが建築一般における建築要素としての機能性に対する近代的な考え方の生成を裏づけていったのである。

第二に、それらの生産的建築がただ建築生産の中心課題となっただけでなく、工業資本主義的な経済的合理性——最小の費用で最大の効果を——への追求によって発展させられたことである。建築をできるだけ安くつくるための努力は、必ずしも近代に初めて生れたものではない。ローマの皇帝もルネサンス期の法王もそれぞれの立場で経済的に有利な建築を望んでいた。けれども工業資本家が新しい建築課題に要求した経済的合理性に、単に支出を少なくすることでなく、利潤を増すためであったのであり、この点に本質的な差異がある。

近代社会の発展に必要な生産的建築は、彼らにとっては、利潤の獲得を目的とした設備投資であった。そして建築生産の面での、もっとも効果的な利潤の獲得は、建物の生産性と機能性を他に先んじ技術的に向上させることであった。したがって、近代社会の生産的建築を発展させた唯ひとつの原動力は、常に新しい技術的発明に飢えている営利精神にあった。

第三に、前述した生産的建築の発展のあり方が必然的に科学的思惟または工学的研究と結び付こうとする性質をもっていたこと、である。近代以前の建築における合理的な技術や合理的な機能への追求は、少数の職人の世界に閉ざされて、日常の経験からたまたま感知した不合理を、無数の経験による淘汰と天才的な直観・職人的な熟練とで少しずつ改良していくことで行われてきた。けれども生産性と機能性の追求が建築生産の中心となった近代社会においては、合理性の追求が偶然や直観にたよる職人的技術の世界に閉じこめられていることはできなかった。

新しい技術的発明に飢えていた営利精神に応え得るものは、不合理を除くための、また新しい生産性・機能性を育成するための、普遍的に妥当な理論や学問体系と、それに基づく社会全般に広がる技術的研究の協同の成果でなければならなかったからである。

この技術の新しい発展のあり方をマンフォードは次のようにいっている。

「ここにひとつの新しい材料がある。そこで問題は、これに対する新しい用い方を発見することである。あるいはまた、ここに解決すべき要求がある。そこで問題はそのための理論や公式を発見することである」(注2)と。これは合理性への追求が個別的な経験や直観によってではなく、普遍的に妥当する科学的思惟によることを意味し、そして生産的建築の発展と結びついた科学的研究の必要性は、一七〜一八世紀にすでに成立していた古典力学、微積分、解析幾何学を直接の基礎として、一九世紀における構造工学を成立させたのであった。

第四に、近代社会の中心課題として登場したさまざまの生産的建築(工場・倉庫・市場・百貨店・停車場・橋梁・事務所)が、その課題の性質から、近代以前の建築に見られなかった空間的性質を必要としていたこと、である。すなわち、工場や市場や停車場や橋梁は、そこで行われる仕事の広大さのために、柱にさえぎられない広大な――教会堂や劇場に必要な広さとは比較にならぬほどの――空間と構造物を必要とした。また倉庫や百貨店や事務所やある種の工場は、限られた敷地に、できるだけ多くの生産や商品や人間を集中する必要から、多層建築を必要とした。またそれらすべての生産的活動のための空間は、そこで行われる仕事に必要な機能的な室内環境条件、特に明るさ、を持たねばならなかった。

したがって、営利精神によって動かされる生産的建築群に対する科学的な合理性の追求は、具体的にはこのような空間的要求――大スパンの空間、多層空間、明るい空間――をめぐって展開されていくのである。

## 2　新しい方法

前節では、工業資本主義的な新しい社会構造の生成が、その時期の建築生産に要求した中心課題の特性を考えてきたが、次に近代社会の生成の原動力であった機械生産に基づく新しい生産技術の発展は、同じ時期の建築生産にどんな新しい方法――建築技術のあり方――を与えたか、について考えてみよう。

新しい方法を特徴づける第一の要素は、建築生産における主要材料が石・煉瓦・材料の手工業材料から、工業的に生産される鉄に代ったことである。同様に工業的に量産されたセメントとガラスも鉄とともに新しい基本材料となった。

### (一)　工業的材料の普及

もちろん鉄材は近代社会が初めて造り出した材料ではなく、非常に古くから人間生活のなかで、石や煉瓦の組積造の補助的な接合金具や蝶番、扉飾り、窓格子のような建築金物や、また種々の日用品として重要な役割を演じてきた。

けれども近代以前の鉄材は、手工業的に鍛えられ細工される高価な工芸的な鍛鉄か、強度の低い簡単な形の鋳鉄であって、近代以前の社会には、木や石や煉瓦に代って主要構造材料として使用できるような、強度の高い、大型の、しかも比較的安価な鉄材を大量に製造できる生産技術的基盤がなかった。そして一八世紀半ばから始まった近代製鉄技術の工業化は、鉄に対するこのような意味での生産基盤を意味していた。

製鉄技術の工業化が発展しはじめた当時一八世紀半ばのイギリスにおける鉄の生産高は一万七〇〇〇トンであったが、コークス炉、パッドル法、熱風炉などの相次ぐ技術的改革によって、一八二五年には、六〇万トン、一八五〇年には二五〇万トンに飛躍的に増大した(注3)。

この鉄生産の飛躍的な増大と品質の改良は、主として産業革命全体の発展の中心である工作機械と蒸気機関と運輸施設(汽車・船舶・橋梁)および軍事技術をめぐって行われたものであるが、それは同時にそれまで手工業的生産に制約されていた鉄の建築構造材料としてのすぐれた性質——曲げや引張りに対する強さと靱性、組成の均一性と弾性的性質、パイプやI型やL型など任意の断面を鋳造または圧延できる加工性——を建築生産の分野で十分に発揮させ、それまでの木材や石や煉瓦とは比べものにならない空間架構能力をもつ鉄骨構造をつくりあげることになる。

また近代生産技術の発展は、鉄のほかに、以後の建築技術の発展に大きな意義をもつ材料、セメントと板ガラスの大量生産を可能とした。

自然の石灰石と火山灰の粉末と砂を混合してつくる一種のモルタルはローマ時代からすでに知られており、ローマ時代の巨大なヴォールティングや建築の基礎工事などにさかんに使用されていた。けれども自然セメントよりも水硬性がよく、しかも強度の高い人工セメントの製造——石灰石と粘土を高温で焼成し石膏を加えて粉砕したもの——先駆的な実験は一七五六年、イギリスのスミートン（John Smeaton, 1724~92）によって発表され、さらに一八二四年その製品がポートランド半島で採れる石材と似ているところから、それをポルトランド・セメントと名づけたアスプディン（Joseph Aspdin, 1779~1855）の研究によって、今日のセメント工業が基礎づけられたのであった。

ガラスもまた近代以前の建築においても、さまざまな形で使用されてきた。とくに一七世紀半ば、かなり大型の板ガラスのマニュファクチュア的な鋳造技術が発明された後には、宮殿や大邸宅の大きな開口部や天窓や鏡の間などに広く用いられていた。したがって一九世紀の近代社会の生成期には、鉄やセメント工業に見られるような画期的な飛躍は、ガラスの製造については、見ることができない。けれども一七世紀の板ガラス鋳造の発明から、一八八〇年代に初めて工業化された現代的な機械的引抜きによる量産技術が確定されるまでの期間、すなわち一八~一九世紀における生産量の増大と価格の低下は非常なものであり、板ガラスは建築生産の隅々にまで普及した（注4）。

これらの新材料の生産技術（特に鉄とコンクリート）の発展に関しては後節で詳述するが、これらに共通していえることは、それらが工業生産される材料であったため、その材料の質の向上のためにも、またその材料のすぐれた構造性能をフルに発揮した構造方式を追求するためにも、材料に対する物理学的な、また化学的な研究と実験、構造体に対する力学的数学的な解析が必要であったことである。つまり新材料は内容的に、科学的な取扱いを必要としていたのである。

## (二) 構造工学の成立

近代生産技術が建築生産に与えた新しい方法としての第二の問題は、前に述べたように、それら新材料の物理的・化学的性質やその構造方式について工学的研究が発展したことである。

一八世紀後半からの製鉄技術の工業化は、鉄の性質（強さ、硬さ、脆さ）とその製造方法（熔鉱炉や精錬の方法）に関する科学的研究の成果によって進められてきたのであるが、この知識や製鉄の過程が高度化し複雑化するにつれて、この材料を適切に使用するための鉄に対する化学的・物理的な、また力学的な知識の体系が必要となってくる。

こうした意味での工学は、エンジニアリングの名称が示しているように、最初は蒸気機関についての専門知識として出発し、後に工作機械や造船や土木や建築についての工学が絡み合いながら発展したのである。

近代社会に初めて現われた「技術者」すなわち鉄についての専門家たちが、鉄の組成についての化学的実験やその強度についての物理的実験をつづけている一方、一八世紀末までには、弾性理論を含む古典力学、解析力学、解析幾何学、微積分の諸理論が、力学的現象を数量化することを可能ならしめていた（注5）。技術者らは自分の実験的研究と以上のような数学と力学の体系とを結びつけて、トラス理論や梁の曲げ理論を発展させながら、構造工学を成立させ、この工学に基づく新しい構造技術をつくりあげていった。

近代生産技術は以上のように建築生産に対して、工業生産される新材料および構造工学に基づく技術というふたつの点で特性づけられる新しい方法を与えた。

この新しい方法は、一節で述べた新しい建築課題の要求をもっともよく満たすことができるものであり、一九世紀の建築生産の大きな底流である技術的建築の系列は、新しい課題の要求をそれに適合した新しい方法が具体的な建築のなかで解決してゆくところに展開されてゆくのである。

### 3　鉄骨構造技術の発展

歴史の展開によって新しい条件（課題と方法）が生ずる時、いままでの建築生産のあり方と無関係に、ただちに新しい生産が育っていくわけではない。その初期には必ず、古い建築生産の体制がそのまま新しい条件に適応しようとする努力が見られる。それは決して成功しない試みなのであるが、けれども古い体制がそのままでは決して新しい条件に適応できないことが立証される意味で発展的な意味を持つと考えられる。

近代初期に見られるこの種の試みは、㈠で述べる、建築家が新材料である鉄を積極的にその復古的作品のなかに利用しようとすること、そしてまた㈡で述べるような木材による大工技術が新しい課題の特性である大スパン構造を解決しようとする試みとの、ふたつの形で現われている。

#### ㈠　近代初期の鉄と建築家

一八世紀後半、鉄の生産高が急激に増大し、比較的安価な鉄が、手工業的な鍛鉄かまたは鋳鉄として一般市場に供給され始めたとき、多くの建築家は、そのすぐれた構造材料としての性能に注目して、積極的にそれを自分の作品のなかに用いようと試みた。

近代以前の建築家の仕事は単に平面計画や造形計画だけでなく、構造体の計画や細部の技法やまた材料の切り出しから加工法までのすべてを含んでいたから、石材や煉瓦やまた種々の木材の性質やその構造技術である masonry や carpentry は、建築家が当然マスターしていなければならないものであった。したがって近代初期に鉄材が多量に供給されはじめたとき、建築家がそれに積極的な態度を示したことは自然であったと考えられる。

パリのパンテオンの設計者であったスッフロー (Jacques Germain Soufflot) は、ルーヴル宮の階段室(一七七九年)の屋根を手工業的に加工された鍛鉄で構成した。スパンは一六メートルである(注6)。

アンゴー (M. Ango) はパリ郊外のパンコーク邸(一七八二年)で鍛鉄の床梁を用いた。これは、石造壁体の広間に中二階を架すため、四本の鉄の梁(五・五メートル長)の上に鉄根太をのせたもので、彼はこの床構造を普及させるために、一七八二年と一七八六年の両度にわたって、フランスのアカデミーに意見を問い合わせ、「強度は十分で、建築家がこぞって実施することが望ましい」という委員会の判定を得た(注7)。

ヴィクトル・ルイ (Victor Louis) はボルドーの劇場フランス座(一七八六年)の小屋組をやはり手工業的に加工された鍛鉄のトラス形式で架構した(注8)。

またギーディオンはその著書のなかで、一七九四年のロンドンのある書店内部に鋳鉄の柱が装飾的に使用されていた例をあげている。

大英博物館の設計者であるスマーク（Sir Robert Smirke）は、「私は自分が鋳鉄梁を用いた最初の人間であるかどうかは知らない。けれども私は一八一〇年に至るまでマンチェスターのある工場以外に鉄を用いた実例を聞いたことはない。私はバサースト邸の再建で、九～一二メートルの鋳鉄梁をコールブルックデールで製造させた。ファサードの壁体は他の部分とともに、この上にのっていると語った(注9)。

新古典主義作家として有名なナッシュ（John Nash）は、ブライトンのロイヤル・パヴィリオン（一八一八～二一年）の台所に、柱頭装飾をもつしなやかな鋳鉄柱を使用した。

柱や梁や小屋組としての用い方以外に、大量に供給されはじめた鋳鉄は新しい魅力的な成形の自由な材料として、日常の生活に浸透していった。たとえば、一八世紀末のイギリスの製鉄王といわれていたウィルキンスン（John Wilkinson）はすべての物を鋳鉄で造ろうと欲し、窓枠や柱や説教壇や家具や、また柩や自分の墓標までを鋳鉄で製造したといわれている(注10)。

おそらく当時の鋳鉄は強い耐久的な構造材料として以外に、同時代の建築家や一般の人々にとって、一九三〇年代のクローム鍍金の光沢のような、また現代のプラスチック製品の自由な形や軽快さのような、「現代的」な材料としての魅力をもっていたに違いない。

こうした実例を見ると、当時の建築がこの新しい材料を、強い構造部材および魅力的な新しさ、というふたつの点でとりあげようとしたことがわかる。けれども実現された鉄材の用い方や構造方式は、床組にせよ小屋組にせよ、それまでの木造骨組の形式を踏襲したものにすぎなかった。

結局、建築家は、彼らがそれまで大工技術や石工技術をマスターしていたと同じように「鉄材の技術」をもマスターしようとしたのであったが、彼らは鉄という材料が石や木とは内容的に違うものであり、それに対する科学的な知識なしには、鉄材の性能を生かした構造技術を発展させることができない、ということを知らなかったのである。

鉄についての実験的研究や構造工学的研究が高度化し複雑化するにつれて、この事実は建築家にも明らかとなってきた。すなわち、この新しい性能を真に生かした構造方式を確立するためには、前に述べたように、一方においては材料と構法に対する工学的研究が、他方においてその設計にぎりぎりの経済的合理性を要求する生産的建築という新しい課題と取り組むことが必要であった。

この両方に無縁であった当時の建築家は、特に大規模な複雑な構造を必要とする建築についてはその構造の問題から離れていき、こうして新しい構造技術を発展させる責任を自分の職分から取り去られた建築家は、過去様式の復興と建築形態のコンポジションをその職能の中心要素と考えて一九世紀における建築意匠史を発展させていく一方、新しい構造の発展は他の分野(機械や造船や土木)で鉄材の使用をマスターし、これを建築にも応用していった構造技術者らの手によって動かされていくことになる。

そしてこれは、鉄骨構造の成立をめぐって「建築家と構造家の分離」、いいかえれば「意匠家としての建築家」が現われはじめたことを意味している。

## ㈡　近代初期の木造大スパン構造

新しい条件の出現に際して、古い体制がそのままの形でそれに順応しようとする第二の例として、一八世紀末から一九世紀初めにかけて生じた木造大スパン構造の追求があげられる。

木造の小屋組はヴィトルヴィウスが指摘しているように古代ローマにおいてすでに king-post トラスとしての形式をもっており、その後初期キリスト教のバシリカ式教会堂に用いられた種々の山形トラス、ゴシック教会堂の石造ヴォールトの上に架せられた鋭い三角形の山形トラスなど、水平陸梁を引張材とするトラス形式として、近代直前まで二〇〜三〇メートルくらいのスパン架構に用いられていた。そしてその過程のなかには画期的な飛躍はなかった。

けれども一八世紀末になると、ある程度の構造力学的知識に基づいて、トラス形式でアーチ架構を組みあげることで、非常な大スパンを架構しようとする試みが、進歩的な大工技術者の間に見られてくる。

フランスのクラフト（Kraft）は一八〇五年に"L'Art de la Charpenterie"を著述し、木構造の新しい発展をまとめた（注11）。

同じフランスのエミイ（A.R. Emy）は一八二八年に"Nouveau Système d'Arcs"を出版したが、これは大スパン木造アーチに関する教科書であった（注12）。

また大工職人から出発して後に初期の構造工学者の一人となったイギリスのトレドゴールド（Thomas Tredgold, 1788〜1829）は、一八二〇年に当時の大工技術の最高水準を集約した"Elementary Principles of Carpentry"を著述したが、彼はこのなかで、土台や小屋組や橋梁に用いた場合の木材の強さをある程度科学的に解明したといわれている（注13）。

これらの新しい木構造技術に関する追求のなかでは、トラス形式のアーチ架構の形でスパン二〇〇フィート〜三〇〇フィートの木造ホールの設計案が見られ、その若干は実際に建設されたらしい

（注14）。

けれどもこうした合理的思惟に基づく大工技術の画期的な発展は、逆に、大スパンという新しい課題の条件をみたすことが木材の性能にとって無理であることを、技術者らに明確にわからせた。いわば、木材という古い材料で新しい条件を解決しようとしたこの努力は、木材の強度やその大きさや大工的ディテールの限界を露呈することになり、かえって大工技術の、大規模建設からの後退をはやめ、新しい材料である鉄に基づく構造の発展を促進したのである。

## (三) 初期の技術的試み——鋳鉄の時代

このようにして、建築家も大工技術も、新しい条件に即応する鉄による構造技術の発展から姿を消したのだが、では鉄に関する専門家であった技術者はどのように、新しい技術を進めはじめたであろうか。

鉄が技術者によって構造物に全体的に用いられたもっとも早い実例は、有名なコールブルックデールの鋳鉄橋（一七七六年、スパン三〇・五メートル、高さ一二メートル、五個の半円アーチリブで支えられている）や、トーマス・ペイン(Thomas Paine)設計と考えられるサンダーランドのウィヤマウス橋（一七九三〜一八〇六年、スパン七二メートル、高さ一〇メートル、石造アーチと同じようにくさび形の中空鋳鉄ブロックをアーチ形に積みあげたもの）やまた、トーマス・テルフォード(Thomas Telford, 1707〜1834)による巨大なロンドン橋の設計案（一八〇一年、スパン一九〇メートル、ペインの方式と同様）があげられるが、これらの橋梁を除外すれば、工場や倉庫のための多層構造への応用がもっとも早い。

産業革命のひとつの中心であったマンチェスターやリヴァプールの工場地帯では早くから木造多層の工場を建てていたが、その欠点——非耐火性、スパンの狭さ、非耐久性——に悩んでいた。これを改良するために鋳鉄骨組が一七九〇年代に相次いで考案された。

ウィリアム・ストラット（William Strutt, 1756~1830）設計のダービーのキャラコ工場（六層、一七九三年）、チャールス・ベイジ（Charles Bage）設計のシュルーズベリの亜麻紡績工場（五層、一七九六年、現存）、同じくストラット設計のベルパーの紡績工場（六層、一七九七年）、ボールトン（Matthew Boulton, 1728~1809）およびワット（James Watt, 1736~1819）設計のマンチェスターのサルフォード木綿工場（七層、一八〇一年）がその実例である。

これらはフェアバーンやギーディオンがそれぞれの著書で説明しているように（注15）、石または煉瓦積みの外壁の内部に各層をつらぬく鋳鉄パイプの柱とL形断面の鋳鉄梁との骨組をつくり、梁と梁の間に扁平な煉瓦アーチを架してコンクリート床を支える構造方式であった。

この新しい耐久的で能率的な構造体——とくにボールトンとワットによる方式——は以後数十年間、典型的な工場形式として急速に普及した。

これら先駆的実験に共通した性質は、その設計者がいずれも製鉄、蒸気機関、工作機械の分野で有名な発明家であったこと、また部材の接合が後の鉄骨構造におけるような鋲接によらず、精巧に鋳造成形された工作機械の部品のような接合形式をとっていたこと、である。

いわばそれは、設計者から見ても、結果から見ても、機械製作技術が生硬に建築構造に応用された姿であった。この初期の鋳鉄骨組を純粋に建築構造の立場から検討しなおしたのは、ウィリアム

・フェアバーン (Sir William Fairbarn, 1787~1874) である。

梁の曲げについての弾性学的な基礎はフランスの橋梁技師であったナヴィエ(Louis Maris Henri Navier, 1775~1836) の一八一九~二三年の研究で確定されており、梁の曲げ破壊の実験は、前述したトレドゴールドやまたヤング (Thomas Young) などによって一八二〇年代からイギリスでも行われていたが、フェアバーンはそれらの成果を総合して、自分でも広範な実験と理論的裏づけを行って、一八四〇年代に鉄の弾性率や破壊強度、合理的な梁の断面形 (I形) の決定、鋲接合の力学的検討など、鉄骨構造の次の発展に必要な基本事項の大半を解明した。

彼が一八四〇年代に建設したと考えられるビュウリイ・モス精糖工場は(注16)、全体的にはブールトン・ワット方式と同種のものであるが、梁が薄い錬鉄板を鋲接してつくったI形断面であること、鋳鉄パイプ柱とI形梁の接合が鋲打ちによっていること、の二点で、鋳造成形された機械部品的性格を脱皮した、後の一八八〇年代に成立する現代的な鋲骨構造への第一歩を示している。

フェアバーン時代の構造技術者によって一応の段階に達した、石の壁のなかの鉄骨組による多層構造をつくる方式は、一八五〇年代には工場や倉庫だけでなく、都会の商店や事務所建築にも広く普及し、とくに五〇年代のロンドンやリヴァプールやグラスゴーなどの都心においては、大きな板ガラスと露出された鉄骨組による単純なファサードがヴィクトリア最盛期の特徴的な街の姿を形成するに至った(注17)。

これらの建物はコーニスや柱頭にわずかに装飾をもつ以外、全体として完全に新しい造形的印象を創りだしている。これらの多くが、当時の建築家によって設計されたものではなく、製鉄会社自体の設計施工によるものであったことは注目される(注18)。

一八六〇年代にイギリスに次いで世界第二の鉄生産国となったアメリカ合衆国においては、ボガーダス (James Bogardus, 1800~1874) がやはり一八四〇年代から鋳鉄多層構造の先駆的実験を行い、鋳鉄骨組は各都会の商業建築に普及し、その特徴ある印象によって、鋳鉄時代といわれる時期(一八五〇~八〇年) をつくりあげていた。ギーディオンはその好例としてセントルイスの河岸の諸建築をあげている(注19)。

このような多層建築をめぐる鋳鉄骨組の発展があった一方、市場や停車場のような産業建築は、明るい大スパンの空間を経済的にかけること、を鉄材に要求した。

大スパン構造に関しては、㈡で述べたように、始めは木造のトラスやまたはトラス形式のアーチが試みられて、ある程度の成果を示し、一八四〇年代のイギリスでは停車場建築としてスパン三〇メートルくらいの木造トラスが一般的に用いられる程に普及していた(注20)。けれどもこの modern carpentry または timber engineering と呼ばれていた新しい動きは、木材の力学的性能をぎりぎりにまで発揮させながら、結局、その材料としての限界に衝突することになり、大スパン構造から木材と大工技術が消滅する傾向を促進した。

けれどもこの発展のなかで育ったアーチとトラスについての力学的理解に基づく合理的な構造形式は、木材に代って用いられた鉄の秀れた性能と組み合って、次の発展を基礎づけたのであった。

全面的に鉄が用いられた最初のホール建築は、一八〇二年に焼失した木造ドームの後に再建されたパリの穀物市場(建築家 Bellanger, 構造家 Brunnet, 1809~12) であり、これはスパン三九メートル、五三本の鋳鉄製アーチリブを放射状に並べたドームで、ガラスで覆われた大きな天窓から十分な光を採り入れている(注21)。

このドームが示しているように、これ以後一八五〇年代までの鉄骨アーチの発展は、半円形や鎌形や浅い尖頭アーチの形式といい、柱や支壁のマッシヴな支え方といい、基本的には前述した木造アーチの構造形式を継承しながら、その合理性を十分に発揮してスパンを増大し、同時に鉄骨とガラスを結びつけて明るい大空間をつくり出していったところに見られる。

たとえばイギリスの鉄道会社間の宣伝競争にうらづけられた停車場建築の発展をトレースしてみるならば(注22)、一八四六〜四九年に建設されたリヴァプール駅(Tunner, Locke, Fairbarn 設計)の鎌形アーチは、スパン四六メートルで、当時世界最大であったが、一八五四年のバーミンガムのニュー・ストリート駅(E.A. Cowper 設計)の、スパン六五メートルに凌駕され、さらにまた一八六五年には有名な聖パンクラス駅(W. H. Barlow 設計)の、地下にタイ・ビームをもつ尖頭アーチは七五メートルをスパンした。

フランスでも一八四六年にスパン三六メートルの尖頭鉄骨アーチの Entrepot de Marais (Eugène Flachat 設計)が建設され、またオロー(Hector Horeau)は一八四九年、パリの中央市場の改築に対して、スパン九一メートル、下弦材が円弧をなす巨大な鉄骨アーチとガラスによる壮大な空間の計画案を発表している。

また鉄骨アーチの初期の発展については、一八五〇年代に始まった産業博覧会建築を忘れることはできない。新しい産業と技術の宣伝と普及を目的としていた多くの博覧会は、一九世紀の「偉大な技術」の時代特性をよく現わしており、そこに建てられた仮設建築は、当時の最高の技術的成果であったからである。

有名な水晶宮は造園家パクストン（Joseph Paxton）によって一八五一年のロンドン万国博覧会場として建築された。

ここに用いられているスパン二二メートルの半円アーチは、構造形式としては当時としてもさして画期的なものではなかったが、ガラスと鉄だけによるこの建物の、幅一二四メートル、長さ五六三メートルというその規模と、そこから生れた新しい透明さに基づく空間感情、さらに当時の板ガラスの規格寸法（一メートル×三メートル）に基づいたガラスをとりつける鉄フレームや鋳鉄アーチ部材や柱の寸法が正確に規格化されて、工場生産され、現場で六カ月という短期間で組み立てられた点に非常な意義があった。

フランスで初めて開かれた一八五五年の産業博覧会の本館は、両側にならぶ鋳鉄柱とギャラリーに支えられたスパン四八メートルの錬鉄製半円アーチが、天井をすべてガラス面とした明るいトンネル形の空間を架構したものであった。

これら一九世紀前半の鉄骨アーチは、こうして石造や木造のアーチには見られなかった空間の広さと明るさを創造して、近代の新しい条件にインスパイヤされながら進んできた。けれどもそれらはいまだ鉄材の性能を十分に発揮した、この材料独自の構造形式を生み出したものとはいえなかった。

大スパン架構としての鉄骨アーチと平行して、鉄骨トラスも一九世紀前半からさかんに用いられていた。比較的スパンの小さな工場や倉庫の小屋組——一五~二〇メートルくらいの——には、初期には鈍重な鋳鉄梁が用いられたが、やがては圧縮材は鋳鉄、引張材は細くて強い錬鉄の山形トラス、が一般的に普及していた。もちろん木材と混用された場合も多い。

初期の実例としては、パリのマドレーヌ市場（一八二四年、Veugny 設計、スパン一二メートル）や、ウィーンのディアナ浴場（一八二〇年、Foerster & Etzel 設計、スパン一九メートル）などがある。これらの山形トラスの大半は、木造トラスと大差ない形をとっているが、フランスの鉄道技師ポロンソー（Jean Barthélemy Camille Polonceau）は、一八三七年鉄の引張りに強い性質を十分に利用した新しいトラス形式であるポロンソー梁を発明した。このトラスはフランスで広く使用され、たとえばフラシヤは、彼のパリ中央市場計画案（前述）のなかで、スパン八〇メートルの巨大なポロンソー梁を用いており、パリ西駅（一八五〇年代）でスパン四〇メートルのポロンソー梁を実現し、またパリ東駅（一八四七~五二年）も三〇メートルの空間がポロンソー梁の原理に基づくアーチで架構されている。

ポロンソー梁や他の山形トラスは、アーチほど大胆な空間架構ではなかったが、推力を生じない、鉄の抗張力を利用した軽快な架構として、中程度のスパンに広く普及していたのである。

### (四) 製鉄技術と工学的研究の新段階

これまで述べてきたような鋳鉄を中心とした一九世紀前半の鉄骨構造の実例を、一九世紀末の鉄骨技術の完成期における実例——たとえばエッフェルの諸作品や多くの三段アーチ形式やまたシカゴに生成した鉄骨剛接骨組——と比較してみると、そこには形態的に大きな隔りが感じられるであろう。この相違は、ひとつには使用された鉄材の性質の差、ふたつには骨組における力の流れに対する解析能力の深さ、によって生じたのである。

では次に、一九世紀前半と後半の鉄骨技術の相違を生み出した、製鉄および圧延技術の発展、また構造工学の進歩のあとをたどってみよう。

一八五〇年代以前には前述したように、鋳鉄および手で成形された鍛えられた錬鉄が主材料であり、特殊な断面の部材を機械的に成形する圧延鉄材は、一八三〇年代まで、プレートや丸棒を除けば、全く使用されていなかった。

鉄の圧延技術――回転する一対のロールの間に鉄材を噛ませながら通過させ、だんだんと所要の断面形にととのえていく技術――は、一七八三年イギリスのコート(Henry Cort)が線条圧延機を考案した時に出発した。圧延鉄材が鋳鉄材に比べてはるかに有利であることは早くから知られていたが、圧延技術が工業化されはじめたのは一八三〇年代であった。

三〇年代になるとイギリス、ドイツ、フランスでは、L形、T形が製造され、それらとプレートを鋲接したI形梁や箱形断面の梁が、橋梁や造船技術のなかで用いられるようになり、さらに一八五〇年代になって各国でL形、溝形、I形、Z形、T形など各種の圧延鉄材が供給され(注23)、アーチ部材やトラス部材や床梁や柱として、それまでの鋳鉄と併用されはじめたが、いまだ数は限られていた。

この圧延部材の普及を決定的にしたのは、一八五六年以後のベッセマー、シーメンス、マーチンによる製鋼技術上の画期的な発明によって、圧縮にも引張りにも一様に強い鋼が安価に製造され、圧延鋼が大量に供給されはじめたことであった。一八八〇年代に圧延鋼が鉄骨構造の基本材料としての地位を完全に占めるようになると、もはや鋳鉄時代にそうであったような、鋳造された機械部品的工作や装飾的処理や形の鈍重さや石積み壁体との結びつき——などの形態的特性は、鉄骨構造からぬぐい去られ、もっと薄肉の、標準化された単純な形の圧延鋼材とその鋲接による組立てが鉄骨構造本来の姿として現われてくるのである。

一方、構造技術に関する工学的研究は、一八五〇年代までに、前述したナヴィエの梁の曲げ理論やトレドゴールド、フェアバーンの材料的実験以外にも数多くの個別的研究が行われていた。たとえば、ウィーゲマンのトラス解法（一八三九年）、シュヴェドラーの立体トラスの解法（一八五七年）、クラペイロンの連続梁と三モーメント式（一八五八年）、メナブレェの最小仕事の原理（一八五二年）、マックスウェルの歪エネルギー法（一八六四年）などが目だつ実例である。このような数多くの個別的研究の蓄積は一八六〇年代に初めて、クレモナ、リッター、カルマンらの手によってひとつのまとまった体系としての静力学に総合されたのであった(注24)。

そして一八六〇年代〜九〇年代の期間の構造工学の発展は非常なものであり、高層ラーメンの解法と平版・曲版の理論と塑性理論を除けば、現代の構造力学の大半は、この時期に原則的に完成されたといえるのである。

したがって、この時期の技術者は一九世紀前半の技術者よりもはるかに正確に、梁やトラス部材やアーチにおける力の流れや変形の状態を把握することができたし、同時に、予想される応力に対して必要な部材断面からわずかの無駄をも排除する厳密な設計の根拠をもつことができた。彼らはこうして、木造骨組の名残りを含んだ鋳鉄骨組や、石造アーチや木造アーチの形式をとどめている鋳鉄アーチを、木や石の構造形式からまったく自由に、鋼の強さ自体に根ざすダイナミックな鉄骨構造に発展させることができた。

㈤　鉄骨構造の技術的完成・圧延鋼の時代

一九世紀後半における鉄骨建築は量的に急激に増大し、それを全般的に述べることは不可能であるので、その一般的特性を知るために、ギュスターブ・エッフェルの作品および一八八九年のパリ万国博覧会の機械館をとりあげてみよう。

エッフェル（Gustave Eiffel, 1832～1923）はふたつの鉄橋——ポルト付近のドウエロ河に架けられた鉄道橋（一八七五年）およびトルエール河のガラビ水道橋（一八八〇～八四年）——において、ともにスパン一六〇メートル以上の鉄骨アーチを建設した。それは、そのスパンから考えて非常に小形の圧延鋼材を鋲接して巨大な構造物をつくりあげた合理的なトラス構成の技術、また両支点をピン支持（二鉸アーチ）にして力の流れを静力学的にはっきりと整え、全体のアーチ形をその力の流れに適応させたこと、のふたつの点で画期的なものであった。こうした独創性に基づいて彼はまた、高さ三〇〇メートルに達する有名なエッフェル塔（一八八九年）をも建設している。

このエッフェル塔と同じパリの万国博覧会に建設された機械館（建築家 Dutert、構造家 Contamin（注25））、スパン一一五メートル、高さ四二メートル、長さ四二〇メートル）はそれまで人間が創り得た最大の空間であると同時に、一九世紀の鉄骨技術の結論でもあった。

ここに用いられている三鉸アーチは、石造アーチや鋳鉄造の半円アーチとまったく違った、両支点と頂点に向って細まっていく新しいプロポーションをもっている。またこの巨大なアーチを両脚で支持しているのはエッフェルの橋梁と同様に、小さな鋼のボルトであった。それまでの鋳鉄アーチの大半がもっていたような巨大な支持壁体や支柱やアバットメントはなくなっている。この特徴は、この巨大な架構に伝わる力の流れを三つの応力集中点であるピン接点で静定化し、釣合条件から求められる唯ひとつの単純な姿に整理したことによって生れたのであり、さらにこのピン接点は、そこに集中する巨大な圧縮力——アーチ部材の重量は片側だけで、八六トン——を小さな断面で支えうる強靱な鋼ボルトの強さによって初めて可能とされている。

この三鉸アーチにおいても、またエッフェルの二鉸アーチにおいても、できるだけ大きな部材断面で支持面と接することを要求される石造アーチ——それ故に力の流れに不明瞭となる——とは全くちがった荷重と支持の釣合、いいかえれば力の流れの効果的な集中と弛緩から生れる緊張した釣合が静力学的な明瞭な問題の捕え方と圧延鋼の性能とに基づいて創造されたのであった。こうした内容的な進歩から生れた形態的な特性は、それらを鋳鉄時代のアーチ、たとえばロンドンの水晶宮と比較すれば、よく理解されるだろう。

また一方、フェアバーンの時期（一八四〇年代）に成立した石積みピア群と鋳鉄骨組による多層構造は、同じくその時期に現代的な圧延鋼材の剛接骨組（ラーメン）に発展した。

一九世紀末その都心に商業中心が急速に成長していたシカゴにおいて、ホーム・インシュアランス・ビル（一八八三〜一九〇五年）を建てたジェンニイ（William Le Baron Jenney）、タコマ・ビル（一八八七年）を建てたホラバードおよびロッシュ（Holabird & Roche）は、外壁の太い石積みピアのなかに鋳鉄柱の芯を入れてピアを細くし、その壁柱と内部の鉄骨組とを剛接して、完全な鉄骨の籠をつくり、腰壁の煉瓦やテラコッタをカーテン・ウォールとして各層の壁梁の上に積んで支えさせた。

やがてこの鋳鉄柱の代りに鋼柱が採用され、全体として細く軽くしかも剛な鋼ラーメン——当時これは、それ以前の多層構造と区別して Chicago construction, cage construction といわれていた——が完成した。

建築の高層化を阻害していたもうひとつの要素は基礎の問題であった。石積みの壁体が内部の鉄骨組とともに構造主体であった場合には、建物が高層化するにつれてその巨大な重量を支える壁体の石積み基礎の支持面は地下室全体に広がってなお不足であった。これが高層化を阻んでいた。けれどもこの問題は、壁体の代りに鋼の壁柱を立て、それを同じく圧延鋼材を並べた基礎で支持することによって解決した。こうして一九世紀末のシカゴやニューヨークその他の大都会において、数十階に達する建築の高層化が実現された。壁体は荷重支持から解放され、室内を囲む遮断面または室内を明るくする窓面として、すなわちカーテン・ウォールとして、軽く自由に取り扱われるようになった。

この剛接骨組の技術的な新しさは構造体に全体としての力学的連続性をつくりだした鋲接による剛接点にあった。そしてこの剛接点および基礎の問題を解決したのも、前述した機械館のピン接点と同じように、圧延鋼材の強度と靱性に基づいている。

## 4 鉄骨構造技術の建築的消化

この急速な技術的発展に対して、一九世紀の建築家のすべてが無関心であったわけではない。新しい時代の動きに即応しようとした若干の建築家は、これまで述べてきた鉄骨構造の技術的発展には無関係であったが、この新しい材料のなしとげた成果に注目していた。

たとえば鋳鉄の構造が普及しはじめたころ、フランスの建築家ラブルースト（Henri Labrouste）はパリの聖ジュヌヴィエーヴ図書館（一八四三〜一八五〇年）の閲覧室で、両側の石積みピア群と中央の細い鋳鉄柱で支えられた二個の半円アーチを露出して使用して軽快な明るい室内をつくり、また同じパリの国立博物館（一八五八〜六八年）の書庫では、鋳鉄の柱と梁と床格子の骨組をたくみに構成した。彼は鋳鉄骨組を建築的に消化しようとした最初の建築家であったといえよう。

またエッフェルが構造体を設計したパリのボンマルシェ百貨店（一八七六年）の建築家ボアロー（L.A. Boileau）、プランタン百貨店を設計したセディユ（Paul Sédille）は、それらの作品で鋳鉄骨組や天窓を支える鋳鉄アーチやトラスを積極的に意匠的に用いて、百貨店としての満足すべき空間機能と新材料による新しい雰囲気と装飾性を創りだすことに、かなり成功している。

これらの建築家の仕事は個別的なものであったが、一九世紀末にはっきりした姿で近代建築運動が始まった時にも、過去のものでない新しい建築を創造しようとした建築家の造形的意欲にとって、鉄は重要な物質的基礎となった。

マッキントッシュのグラスゴー派、ヴァン・デ・ヴェルデやオルタのアール・ヌーヴォー、ユーゲント様式の運動、オランダのベルラーヘ、ウィーンのワーグナー、またシカゴ派のサリヴァンなどの作品には、鉄材とその構造形式が離れがたく結びついていた。

たとえば、オルタの人民の家（ブリュッセル、一八九七年）では鋳鉄骨組と大きなガラス面によるファサードがこの新しさの決定的な建築要素となっており、ベルラーへの代表作であるアムステルダム取引所（一八九八〜一九〇四年）のホールには半円の鉄骨アーチが周囲の煉瓦壁体と天井いっぱいに採られたガラス面とともに空間の基本的要素となっており、ワーグナーのウィーン郵便貯金局（一九〇四〜〇六年）の明るいヴェスティビュールも鉄骨とガラスによって創られている。

けれどもこのような、鉄骨構造の一九世紀末における建築的消化について注意しなければならないことは、それが鉄骨構造技術の可能性全体に注目していたのではなく、むしろ鋳鉄や手で鍛える錬鉄に内包されている新しい装飾性、表現的な可能性と結びついていたことである。

一九世紀末の初期近代建築運動における鉄への関心は、後のベーレンスやグロピウスが鉄に対してもち、ペレーやコルビュジエがコンクリートに対してもっていたような冷静な技術的理解に基づくものではなく、自分の新しい表現意欲に適合した「新材料」に対する情熱的な愛着であった。したがって、彼らの鉄への意識は、すでに一九世紀末に成立していた、エッフェルの作品や機械館やシカゴの高層建築における壮大な、けれども単純な標準化された鉄骨構造とは結びつかなかった。

アール・ヌーヴォーが、またユーゲント様式が好んで用いていた「表現的な力の線」や動植物的モティーフによる「自然主義的表現」は、たとえばオルタのチュラン街の住宅（一八九三年）の階段手摺や、ギマールのパリ地下鉄入口（一八九八年）に見られるように、無限に自由な成形ができる鋳鉄の性質そのものであったし、また前に述べたボンマルシェやプランタン百貨店、オルタの人民の家の鋳鉄骨組、またベルラーへのアムステルダム取引所のホールの鉄骨アーチ——これは、圧延鋼を使用しているにかかわらず、その形と支え方はラブルースト時代の鋳鉄アーチ形式と変らない——も原則的には半世紀前の鋳鉄時代に属している。

現在それらを見るならば、それらは、同時代の圧延鋼による鉄骨技術が示していた諸特性——すなわち、装飾性の入りこむ余地のないまでに標準化された部材の単純な組立て、それから生れる幾何学的形式、力の流れの集中と弛緩に基づく緊張した釣合——からいかに遠くはなれていることであろう。

このような諸特性を技術的に理解したうえに築かれる一九世紀技術の真の建築的消化は、一九一〇年代以後のペレーやベーレンスやグロピウスやミースやコルビュジエのような人々の作品が現われるまで見ることはできないのである。

鉄骨構造技術および次項で述べるコンクリート構造技術の正しい意味での建築的消化ということは、他の機械設備や施工技術の消化とともに、近代建築の発展において核心的意義をもっている。一九世紀技術の生んだ壮大なアーチや力強い剛接骨組は、すばらしい技術的達成ではあったが、それ自体としてはなんら建築としての意義をもってはいない。その技術的可能性を、あたえられた課題における平面計画や空間構成や造形的表現とともに総合して、新しい建築創造のなかに積極的な一要素とするところに、建築技術の近代化ではない「建築の近代化」があり、近代建築の発展が築かれていくのである。

また一方、この構造技術の建築的消化は、3の㈠で述べたような、鉄骨構造技術の発展を契機として別々の道を進み始めた建築設計における「意匠と構造」を再び新しい形で総合していく過程をも意味している。この両者が有機的に設計行為のなかで結合していない限り、真の意味での建築創造はあり得ない。

こうした立場からいうならば、近代建築の歴史は、一九世紀における建築芸術と技術的建築の対立、あるいはまた、元来その重要な要素であった構造の問題を失ってしまった一九世紀の建築設計の変則的なあり方を解消し再編成しようとする過程であったといえる。

いわば、一九世紀において、新しい課題と新しい方法によって特性づけられてきた技術的建築における鉄骨構造技術の成立は、「建築技術の近代化」であったのであって、一九一〇年代から始まって現代に至る、前述したようなそれの建築的消化が建築の近代化の過程なのである。

## 5 鉄筋コンクリート構造の発展(注26)

われわれは次に、一九世紀半ばから始まり、二〇世紀の近代社会の物質的基盤を鉄とともに造りあげてきた鉄筋コンクリート構造技術の発展を見ねばならない。

アスプディンによって創始されたセメント工業は一八五〇年代イギリスに確立され、やがてフランス、ドイツにも普及し、さらに一八九〇年代にはアメリカ合衆国が世界最大のセメント生産国となった。

したがって、セメントと砂と砂利の混合体であるコンクリートは一九世紀前半から、欧米において土木工事や建築の基礎や床に広く用いられていた。3の㈢で述べたフェアバーン時代の多層建築の床は、煉瓦アーチまたは鉄板アーチの上をコンクリートで固めてつくられていたし、シカゴの初期の高層建築の地下室は一般的にコンクリートでつくられていた。こうしたコンクリートの普及において、鉄材とコンクリートを組み合わせて、耐火的な強い材料を造ろうとする考案が現われるのはごく自然であった。

最初の試みは五〇年代に見られる。フランスのランボー（Lambot）は一八五五年のパリ博覧会に、鉄網をモルタルで固めたボートを陳列した。またアメリカの技術者であり法律家であったハイヤット（Thaddeus Hyatt）は、鉄とコンクリートの力学的特性と耐火性と経済性の利点を理解したうえで、一八五〇年代に鉄筋コンクリート梁や床版を発明したが、当時としては驚くべく進歩したその考案はわずかの人々の間にしか知られなかった。

一般に、この構造技術の創始者とされているのは、庭園師であったフランスのモニエ（Joseph Monier, 1823～1906）である。彼は、一八六七年、やはり鉄網とモルタルとからつくった「壊れない植木鉢」の特許をとり、以後十数年にわたって一八八一年に至るまで、その着想を、大規模な建築構造や橋梁に発展させ、コンクリート平版やアーチ版やアーチ骨組や階段についての特許をとった。

彼の考案した構造方式は、その鉄筋の配置から考えて、力学的な考えから鉄とコンクリートの特性を発揮させた合理的なものでなく、鉄筋で組み立てられたアーチ骨組をコンクリートで固めて成形する、というような実際的な立場から考えられたものだったが、その広範な部門を包含する特許によって、「モニエ式の建築」は、ヨーロッパ各国の技術者に注目されはじめた。

モニエの着想に科学的なまた経済的な根拠を与え、それに適合した改良を加えたのは、ドイツの技術者ワイス（Gustav Adolf Wayss）であった。彼は一八八六年、ドイツにおけるモニエ式建築の特許を買収した後、友人であった構造工学者ケーネン（Mathias Koenen, 1849〜1924）と協同してこの構造方式の原理を基本的に研究し、引張力に強い鉄筋を、引張力に弱いコンクリートの引張部分に配置することから生ずる両材料の力学的協同効果を理論づけ、部材断面や鉄筋量を計算する基本方針を確立した。ワイスとケーネンは一八八七年、“Das System Moniers, Eisen gerippe mit Zementhüllung”という小論文でこれを発展した。この科学的根拠によって構造方式はドイツ、オーストリア、ハンガリーなどに普及しはじめた。

この出発当時の成果である、ステルンのセメント産業展（一八八八年）に出品されたスパン四〇メートル、幅一メートルの「モニエ式アーチ橋梁」は、ほとんど現代的なシェル構造と同じくらいに薄く、合理的に構築されていた。これをもって彼らの理論の正確さが推察されよう(注27)。

この基礎的研究によってそれまで実験的方式と見られていた鉄筋コンクリート構造はひとつの産業技術として発展を始めた。ワイスとケーネンが経営した建設会社 Firma G. A. Wayss u. Co. は一八九二年に有名なワイス・フライターク会社 Firma Wayss u. Freitag に発展したが、この企業体はその継続的な研究成果と活発な建設活動によって、それ以後のコンクリート構造の発展に重要な役割を果した。

ワイスが一八八〇年代にドイツ、オーストリアに普及させた鉄筋コンクリート方式は、アーチ橋梁、床や屋根構造のためのアーチ版や平版、階段、間仕切り用壁体、パイプやタンク、床梁……などであって、現在の構造法と比べてもっとも大きな相違は、床版と梁を結合したT型梁や、柱と梁を結合する一体的なコンクリート骨組が存在していなかったことである。

現在の一体的な現場打ち鉄筋コンクリート構法を最初に基礎づけたのは、フランスの技術者アンネビック(François Hennebique, 1843～1921)であった。モニエ式建築がドイツ、オーストリアで大きく進歩している間、フランスでもコワニェ父子(François Coignet, M. Edmund Coignet)やテデスコ(N. de Tedesco)による理論的研究や実際の建設が行われていた。アンネビックはこうしたモニエの伝統とさらに古くはフランス・ゴシックのリブ・ヴォールティングの伝統の流れのなかで、一八九二年、一体的な鉄筋コンクリート構法の実質的な創始となった特許を得た。

それは曲げモーメントにふさわしく曲げられて配置された鉄筋で内部的に結合された床版と小梁と大梁とを同時に打つ方式に関しており、その配筋法の原則的な姿は今日のものと変らない。また彼は、鉄筋コンクリート梁における剪断力を受けもつべき肋筋の正しい配置を考案した最初の人でもあった。

彼の発明した一体的な構造方式の普及は、1で述べておいたような、「ここに一つの新しい材料がある。そこで問題はこれに対する新しい用い方を発見することである」という近代構造技術の特性をもっともよく示す好例である。科学的な普遍妥当性と経済的な有利さの確証という基盤の上に、この構造技術は、モニエの着想に始まりワイスとケーネンの理論づけを経てわずか半世紀に満たない短期間のうちに、欧米諸国に普及した。とくにフランスではコンクリート構造が鉄骨構造に代って新しい建設の基本方式となった。ベルギー、オランダ、スイス——後に有名なマイヤールが活動する——におけるこの方式の発展もまた、フランスの成果から派生している。

こうした新しい技術が一応の形で成立し、普及しはじめるや、逆に需要面からの強い刺激によってその理論的・実験的研究は加速度的に進展しはじめる。

すでに一九世紀の最後の一〇年間には、前述したフランスのコワニェやテデスコ以外にもパウル・ノイマン（Paul Neumann）の基礎的研究もあったが、また一方、ウィーンのシュピッツァー（Joseph Anton Spitzer）やアムステルダムのサングースのような、鉄筋コンクリート技術に対する包括的な研究家が現われてきた。そしてさらにメラン、チューリイ、エムペルゲル、フェップル、バッハ……など各国の多くの研究家によって種々の分野での研究がつづけられた。

この技術についての最初の体系的な教科書は、ワイス・フライターク会社の委任によって研究をつづけていたメルシュ（E. Mörsch）によって一九〇二年に出版されている。この時期には各国に特別の委員会が鉄筋コンクリートの工学的研究のために組織されていたが、ドイツとフランスは一九〇六年、スイスは一九〇九年にそれぞれ一応の研究プランを完了して、施工や計算や構造の規準を発表した(注28)。鉄筋コンクリート技術はここに名実ともに成立したといえる。

モニエの特許以来、工学的研究とセメント産業の隆盛とこの技術に対する社会全般の激しい需要とは、このような短期間に、いままで全くなかった新技術を成立させた。それは、近代産業の要求に応えた組織的な研究——その多くは大学および公立研究所の教授か研究者であった——によって進められた点で、同じ近代技術である鉄骨技術の成立とやや違った性質をもっている。この点については次節で、もっと全体的な視野から述べられるであろう。

一体的なコンクリート方式は、アンネビックの発明とは無関係に、同時期のアメリカにおいても発明されている。シカゴの技術者ランサム（Ransome）は一八八〇年代から実験的に試みていた鉄とコンクリートの一体的な構造を一八九四年に発表したが、それはアンネビックの方式と同じ原則に基づいていた。

一八九〇年代にはすでに世界最大のセメント工業の所有国となっていたアメリカは、さらに第一次世界大戦にかけて、世界第一の工業国に躍進するのだが、そのためには他に比類のない大規模な産業建設、土木工事、都市の発展が必要であった。その発展途上一八九五年前後には、建設のテンポに鉄生産が追いつけず、非常な鋼材の欠乏に見舞われた。ランサムの方式はこの時期に、工業建設の基本工法としてアメリカ全土に普及し、多くの工場やサイロや橋梁に用いられた。第一次大戦までにアメリカの工業地帯に建設された鉄筋コンクリート構造の産業建築は、近代工業の潜在勢力が一時に爆発的に建築に結晶した珍しいケースであり、それらの建築群はヨーロッパにおける第一次大戦以後の近代建築運動に大きな影響を与えた。

鉄骨技術とならんで他の重要な「建築技術の近代化」の筋であった鉄筋コンクリート技術は、鉄骨技術とややおくれて、やや違った過程で成立した。

そしてこの構造は次のふたつの方向で新しい建築を特性づけた。すなわち、ひとつには、鉄骨の剛接架構に代わるべき剛な骨組を形づくる工法として(鉄筋コンクリートは自然に剛接点を生ずる工法なのである)。ふたつには、その一体的鋳造性から、自由な形のかたまりや、また薄い曲面や平面を創ることのできる工法として。

このような、鉄筋コンクリートの建築要素としての可能性は、二〇世紀になってからペレーの剛接骨組やマイヤールの版構造、またメンデルゾーンやペルツィヒの幻想的な作品のなかで建築的に消化されることになる。

## 三　近代建築の原則的な確立

### 1　一九世紀的近代から現代的近代へ

#### (一)　建築の近代化と近代建築運動

一九世紀末からイギリスとドイツとオランダとベルギーではっきりした意識に結晶しはじめた初期の近代建築運動は、一九世紀の近代社会の条件とその時期の建築芸術の間の矛盾をとりあげて、過去の建築形式に依存するのでは新しい建築の発展はあり得ないという新しい建築の倫理を築いた。

けれどもそれらは、二の4で述べたように、近代社会の課題と条件の間の媒介者として、新しい技術と営利性に創造の出発をおくという立場からでなく、過去の建築形式とは全く無関係な新しい形態をつくるために、新しい材料を「利用した」のであった。だから、たとえばアール・ヌーヴォーやゼツェッション運動は、建築倫理のうえでは大いに意味をもっていたにせよ、その時代の新しい技術と緊迫した時代の要求とに直接触れていなかったという点では、一九世紀リヴァイヴァル建築家と変りがなかったのである。

また、第一次大戦の前後の社会的混乱のなかから生れたイタリアの未来派、ドイツ表現派、ワイマールのバウハウス、フランスのエスプリ・ヌーヴォー、オランダのデ・スティール派、ソビエト・ロシアの構成主義などは、それまでの（初期の近代建築運動をふくめて）建築の形態意識の場を根底からくつがえして、新しい造形表現の新形式を追求したが、それらも同じように、その時代の課題の性格と技術の可能性と造形的な特性を総合しようとする立場に立っていない点で、アール・ヌーヴォーやゼツェッション運動と本質的な差はない。それらは一九世紀の初め、鉄骨構造の発展を契機として構造の問題からはなれて造形または意匠の専門家となっていった不完全な建築家のあり方としては一貫しており、そうした共通のあり方のうえで、間接的に観念的に行われた造形イデオロギーの変革が、上に述べた近代建築運動の成果であったのだ。

それらは、一九世紀の技術家が産業建築の経済的合理性と新しい技術の科学性の直接の媒介者として建築技術の近代化を、また産業建築の近代化を推進してきたような形での建築の近代化とは、直接の関係をもっていなかった。

こうした初期の近代建築運動のなかで、本当の意味での建築の近代化を、いいかえれば新しい技術と課題の特性のなかからその建築の特性を創ることを推進したのは、鉄筋コンクリートを中心としたペレー兄弟と鉄骨技術を中心としたベーレンスであった。そしてこの二人の先達を追って、第一次大戦後の造形意識の根本的変革を経た一九二〇年代のヨーロッパにおいて、コルビュジエやグロピウスやミースやタウトのような人々が、現代の建築の方向を直接に基礎づける建築の近代化を行いはじめる。

一九二〇年代はこうして一九世紀における建築技術の近代化に基づく建築の近代化が出発した時期であると同時に、一九世紀的近代の条件が現代的近代の条件に交代していった時期にもあたるのである。

したがって、この新しい建築原理の実験期の性格とそれに対する一九世紀的近代から現代的近代への条件の変化の影響とを理解するために、一九二〇年代の一般的情景を考える必要がある。

ヨーロッパにおける資本主義社会の発展を二分して激しい競争をつづけてきたイギリス圏とドイツ圏の終局的な争い――第一次世界大戦――のあとに残ったものは、イギリスの繁栄でもなくドイツの荒廃でもなかった。それはアメリカやソビエト・ロシアのような非ヨーロッパ勢力に対するヨーロッパ全体の敗北であった。ヨーロッパ諸国は、戦勝国、敗戦国を問わず、深刻な経済的窮乏と精神的混乱から立ちあがらねばならなかった。このヨーロッパ諸国の再建の時期――一九二〇年代――には、その時期をそれ以前の一九世紀的近代から区別し、現代的近代の最初の歩みを示す四つの特性が見られる。

第一に企業の合同、独占に基づく資本主義産業の新しい発展段階から生れた課題の変化であり、第二に、同じ発展段階から生れた技術的な新段階であり、第三に、大戦後の旧支配階級の没落と勤労大衆勢力の抬頭に基づく社会主義的な考え方が建築に入ってきたこと。第四に、国際連盟の発足に示されているような、国際的連携によって平和と経済的再建を努力しようとする国際主義の抬頭である。

前のふたつは一九世紀末から漸次生じてきた建築の近代化に直接影響する課題と方法の変化であり、後のふたつは、主に第一次大戦を契機として生れた、新しい設計意識の基盤を方向づけたものであった。

(二) 現代的課題

一節と二節で述べてきたように、一九世紀においては近代社会の主導権は工業資本と工業生産技術に握られていた。動力源と船舶輸送の関係から近代工業は炭鉱や河口付近に集中し、鉄道はそれらの生産地帯と消費地または交易地を結んで発達していた。いわば社会の技術的な経済的な発展という点では、地方に散在する生産地帯と、多くは秀れた技術者であった工場主たちが、政治と商業の中心である都市より優位にあった。

けれども一九世紀後半、製鋼工業に飛躍的な発展が行われ、また一九世紀末までに石炭に代わる電気動力網が完成するにつれて(第二次産業革命)それまでの工業資本の社会的な支配権を支えていた条件は次第に消滅していき、電気動力の普及によって、それまでの生産地帯の立地条件はくつがえり、また一方、生産技術と産業組織の大規模化は、生産競争から小資本の産業を脱落させた。この大規模な集中的な生産、企業の結合、独占的な組織化……の過程のうちに、それまでの近代産業の立役者であった工場主は、都市にその事務的な中核――資材の購入、製品の販売、市場の開拓、他産業との提携、金融面の操作、設備の拡大計画などを行う――をもつ大産業組織における――使用人の立場に後退した。

いわば生産地帯と都市との社会的立場は逆転したのであり、この社会機構の変革が、都市の最も便利な地域に、密集したそれ故に高層の商業中心を形成しはじめ、一度成立した商業中心は、ひとつの有利な投資対策としてのオフィスビル群の建設を促進しながら急速に膨張していった。

これが、都市における商業中心の形成、あるいはオフィスビル群の建設という新しい課題であった。

また同時に、大規模化した産業組織は、その合理化の一環として、勤労大衆の住居問題、厚生施設を改良することを迫られた。これにはもちろん企業の大規模化に応じた勤労大衆の組織力の増大もその要因となってはいるが、いずれにせよ集団住宅地の建設、それに伴う学校や病院や娯楽施設の建設、さらに膨張しすぎて非能率化した都市の混乱を、地域計画や交通の再編成でつくり直そうとする都市計画の問題が、社会政策的な形で重要な建築課題として登場してきた。

一九二〇年代の建築家の直面した課題はこれらだった。(そして第一次大戦前後における表現派や未来派のような幻想的な計画案の大半ですら、こうした課題を積極的に取り扱おうとしている。)

これらの課題は、資本主義的な投資対象であるかぎり、きびしい経済的合理性に基づくという点では、一九世紀的な工場や倉庫や停車場と同様であったが、それとともに、元来公共的であるという課題としての性質を内包している点に注目されるべきである。

### ㈢ 構造工学の新段階と建築産業の機械化

産業の大規模化の傾向が、小資本の企業を脱落させたことは前節で述べたとおりだが、これはまた一方、一個の技術的発明がそれだけで産業の方向を変えうるような、またすぐれた技術的研究家が同時にその企業の経営主であるような、一九世紀的な産業と技術的研究の結びつきは消滅した。そしてその代りに、必要な技術的研究に対する費用と才能は、これらの大企業体の手でもっと組織的に集中的に注がれるようになった。

したがって新しい技術に対する工学的研究は、二節の5で述べた鉄筋コンクリート理論の行き方のように、経営者的技術者の手をはなれて、大学や国立研究所に所属する純粋な研究専門の学者によって進められることとなった。

こうした傾向は、技術自体が複雑化したため高い科学的基礎知識と細分された専門分野における専門的研究を前提としなければならなくなったこと、また産業の大資本化のために直ぐには役立たなくても将来画期的な利益を生み出しうる基礎的なまた原理的な研究を自由に行わせる研究機関の維持が可能となったこと、に起因する。

一九世紀的な産業と技術の関係は直接的であったが、こうした間接的な関係になると、工学は、産業を母胎としたものであるという性格が薄れ、あたかもそれが科学の側から派生した応用科学の一部門であるかのような発展過程をとりはじめるのである。

また構造工学の内部そのものも一九世紀的なものとは違う新しい段階に入ってきた。一九世紀の構造工学の大きな筋は、構造物をピン接点によって静定化する——荷重と支持の間の力の流れを一つの形に決定する——ところにあった。したがってそれは、外的には単純梁式と三鉸アーチまたは二鉸アーチの支持体、内的には静定トラスの構造を基本としていた。けれども一九世紀末の静力学における重要な問題であったトラス架構の二次応力の問題は、静定構造物を基本とする一九世紀の構造工学から不静定構造物を基本とする二〇世紀の構造工学への移行を端的に示している。すなわち、ピン接点として解析される鉄骨トラスの接点が実際には剛接点であることから、トラス部材に生ずる曲げ応力を算定する必要から起った二次応力の問題は、二〇世紀初期の剛接架構、すなわちラーメンの解析方法の基礎となったのである(注29)。

一方、新しい課題であるオフィスビルは、高層多スパンのラーメン工学の成立を必要とし、同時に二節の5で述べたような二〇世紀初めに成立した現場打ち鉄筋コンクリート構造は、それ自体剛接点に基づく構造体をつくる方式であり、同じようにラーメン工学、すなわち不静定理論の実用化を促進する条件となった。

こうして構造工学は、トラスを中心とする一九世紀の静定理論から、二〇世紀のラーメン理論に焦点を移し、現代的な高層多スパンラーメンの実用的解法の第一歩である撓角法が、一九一〇年代アメリカのウィルスンとドイツのゲェーラーの両者によって考案された(注30)。

同時にもっとも高次の不静定構造である鉄筋コンクリートの平版やシェル構造をめぐって、その計算方針が確立されていくのもこの時期の大きな新しさである。

要するに、一九世紀の構造工学は、それまで不明瞭な形でしか捕えられなかった荷重と支持の間の力の流れ方を静定化し単純化したところに特性があり、二〇世紀の工学は、その過程のなかで育ってきた不静定理論に基づいて、剛接点=ラーメン構造の連続性から生れる利点を解析し利用して、より合理的な高層ラーメンやスラブやシェルの構造体を発展させたところに一九世紀技術からの発展を示している。

構造技術の現代的発展として、建築産業の機械化を忘れることはできない。一般的に言って近代生産技術の成立という言葉には、その産業の機械化が前提となっている。けれども一九世紀における新しい構造技術の成立は決して建築産業の全面的な機械化を意味してはいなかったのである。この特殊性は注意されねばならない。

一九世紀の構造技術は、自然材料から工業材料への交代に必要な道具の機械化や若干の施工機械の導入(鉄骨工事のための手動パンチやドリル、手動昇降機、馬引き起重機、手動杭打機など)を行ったけれども、技術者の関心は材料自体とその構造体の合理的構成に向けられており、現場作業の機械化は、二〇世紀初めから第一次大戦にかけてのアメリカで初めて発展の緒についた。

この動因は、第一に従来と比較にならない規模と昇降作業をともなう高層建築の建設であり、第二に、建設請負企業の大資本化である。この機械化の過程を概観するなら、次のとおりである(注31)。

(a) 基礎工事　土木工事では一八五〇年代から使用されていたスティームシャベルは一九世紀末から建築工事にも使用され、手動杭打機は蒸気杭打機に、つるはしは圧搾空気式機械に変り、ブルドーザーも一九世紀末から用いられた。

(b) 材料運搬　馬引きまたは手動起重機は一八七〇年代に蒸気動力に変り、やがて材料や人間を定められた場所に正確に簡単に運搬する昇降機の各種(スティーム・デリック、ホイスティング・マシン、プラットフォーム・エレベーター)が、また水平運搬にベルト・コンベヤーが導入された。

(c) 作業機械　鉄骨構造に必須な自動鋲打機は九〇年代に発明され、パンチやドリルにも動力が適用された。また同じ九〇年代コンクリート・ミキサーとセメント・ガンが発明された。

(d) 動力　一九世紀末と二〇世紀初めには蒸気動力が決定的な地位にあり、大規模な現場には据付け蒸気機関が設置されていたが、漸次動力分布性能のよい石油と電気に交代していった。

アメリカでは、高い労働賃金のためもあって第一次大戦を機として急速にこうした機械化が行われ、一九二〇年代の請負業者は作業の機械化に努力しないかぎり、競争に勝つことができなかった。こうした建築作業の機械化は、アメリカでもっとも著しく見られるが、ヨーロッパ諸国にも大なり小なり見られる現象であり、二〇世紀初めにおける共通の特徴的な傾向であった。

建築産業の機械化については、上述のような施工技術の機械化ばかりが問題ではなく、構造部材である鉄やセメント工業、さらにそれ以外の建築材料生産の機械化・工業化の問題が重要である。そして材料生産は、施工機械以上に、その国の産業全体の水準いかんによって左右される。

一九二〇年代の新しい建築家は、施工の機械化とともに建築各部の材料生産の工業化を新しい建築のひとつの条件として、その上に抽象的な近代化を進めていくのであるが、それが後述する具体的な近代化の段階にはいった時、この建築産業の水準いかんは、その国の建築の近代化を特性づける重要な条件となる。

## (四) 社会主義的な意義

第一次大戦を契機として生じた第三の現代的要素は、欧米の各国に社会主義的な、または社会政策的な意識が強く起ったことである。

大戦の結果、四つの帝国――ロシアのロマノフ帝国、オーストリア・ハンガリーのハプスブルク帝国、トルコのオットマン帝国、ドイツのプロイセンを盟主とする第二帝国――が消滅し、最初のプロレタリア国家であるソビエト・ロシアや社会民主主義的なドイツ共和国をはじめとする一〇余りの共和国が生れたことは、大きな政治的変化であった。

イギリスやフランスなどの戦勝国においても、国家の再建のために勤労大衆の協力が不可欠の要素であったので、普通選挙や完全雇傭や労働者の権利を守る立法、または社会保障などの点で、著しく民主的な社会政策が実現されはじめた。

いいかえればヨーロッパ全体にわたって戦争を誘発した各国の帝国主義に対する反省と新しい再建のために、社会正義に基づく新しい秩序と富の公平な分配とを実現する社会機構が希望をもって採りあげられはじめたのである。

一九世紀的な生活における希望とは、個人個人の技術的経営的能力によって自由競争に打ち勝つ工業資本主義に一貫した世界にあった。そこに社会主義的な世界観がほとんど対等の重さでプラスされたことは、建築の考え方にも大きく影響した。こうした変化は、㈡で述べた二〇世紀の新しい課題にふくまれている公共的性格と結びついて、一九二〇年代の新しい建築の性格を、それ以前のものから大きく変化させたのであった。

### ㈤　国際主義の擡頭

また大戦後、国際的な相互扶助の精神に基づいて、世界の平和と繁栄を維持しようとする努力が種々の面で活発に行われたことも注目すべきである。

一九二〇年にジュネーヴに第一回総会を開いた国際連盟は、国際的紛争を調停し、ロカルノ条約（一九二五年）やパリ条約（一九二八年）で安全保障と軍備縮小に努力し、またその外部団体である国際労働機構によって、世界全体の労働問題を指導した。

同時に、経済的な再建に直面した各国は、経済的な国際間の協調によってヨーロッパ全体を復興させるべく国際的に協議した。バーゼルの国際銀行の設立や、世界経済会議の開催（一九二〇・一九二七年）はその現れであり、また、各国の独占企業体同士の国際的企業提携――ヨーロッパ全土にわたる有名な鋼鉄業カルテルの成立や、ドイツのＡＥＧとアメリカのＧＥＣの企業合同のごとき

——も活発に行われた。また、一方、労働者勢力もまたモスクワ派インターナショナル（一九二一年）や、キリスト教系インターナショナル（一九二〇年）のような国際的組織のもとに結束して動いた。

現代的近代を、さらに一九二〇年代を特徴づける以上のような経済的・技術的・または政治的・イデオロギー的な四つの要素は、内容的には相互に矛盾を含んだものであったが、大戦後のヨーロッパ諸国は社会主義的政策と国際主義的意識とを基調として、独占的な大企業の発展とその合理化を展開しながら、各国の工業生産は、ドイツにおいては、一九二五〜二六年に戦前の水準に達し、フランスにおいては一九二九年に戦前の一・四倍に達する、というように急速に大戦の荒廃から立ち直っていった。

そしてこうした新しい社会条件、社会意識、また構造技術の新段階という現代的近代のうえに、一九二〇年代の抽象的な近代化が展開されていく。

## 2　抽象的な近代化の基本的な性格

大戦後の現代的近代社会の発展に沿って行われた抽象的な近代化、すなわち、近代社会の条件からその特性を一般的に抽象して、その前提のうえに、建築の近代化の大きな筋を創り出すこと、について最初に次のことが注意されねばならない。

大戦の結果、大戦以前の初期の近代建築運動を援助し庇護していたダルムシュタット芸術家村に対するザクセン公エルンスト・ルードウィッヒやアール・ヌーヴォーの　ヴァン・デ・ヴェルデに対するオストハウスのような、新芸術運動のパトロンたちがいなくなったことである。

このために二〇年代の新しい建築的実験のなかからサロン芸術的性格は後退し、建築家は、一九世紀の技術家がそうであったような、一個の自由な市民として、直接に社会の発展から生れてくる新しい課題と新しい技術との媒介者の立場に、自分の仕事の焦点を見いだすようになった。そしてこの建築家の社会的なあり方の変化が、前項で述べた二〇年代の一般的現実の条件を、この時期の建築家の考え方や作品のなかに滲みこませた要因であった。

この時期の建築的実験は次の四つの基盤をもっていた。

㈠ 新しい建築工学および近代工業との結びつき

その第一は、大戦を経て巨大に、しかも合理的に組織化されてきた近代工業に裏づけられた技術的成果が新しい建築に実際的に反映してきたことである。

一九世紀の技術的建築も同じように、その時代の技術とその合理的解決によって発展してきたのであるが、それは利潤のための合理性であった。単なる営利性に制約されずに、建築としての統一と秩序のなかに、新しい工業と技術に内在する最大限の可能性を追求する合理精神は、ペレーとベーレンスの大戦前における孤立した活躍を除けば、この時期に初めて一般的なものとなったのである。

鉄骨や鉄筋コンクリートの技術は大戦を経過して社会全体に普及し、また剛接骨組やアーチだけでなく、スラブやシェル構造、さまざまな形でのプレキャスト部品の使用に新しい分野が拓かれ、さらに近代工業の発展は、ガラスやプライウッドやテックスボードや内部充塡用の繊維製品などの工業的材料が多種多量に供給されるようになった。

また一方、ラーメン理論やシェル理論についての新しい構造工学、またさらに採光・照明・音響・換気など室内環境計画についての理論やそのための人工的設備に関する機械知識についての建築工学の新部門の大半は、この時期に定式化された。こうして建築工学は、従来の構造工学だけでなく、非常に幅の広い姿となった。

建築家の合理精神――課題と方法に直接接触する媒介者としての――は、このような構造技術と工業生産される諸材料と幅の広い工学的分析とを、彼らの建築創造の具体的な基礎として総合したのである。

多くの表現派的作品のなかにも、バルトニンクの星の教会、ミースの鉄とガラスの摩天楼計画、タウトのアルプス建築のような、新しい技術の合理的追求が見られることは興味深い。

㈡　新しい課題との結びつき

第二の特性は、単なる個々の建築機能の合理的な解決のみでなく、新しい都市や生活の全体の理想像を、社会経済的な立場から科学的に描き出すことが新しい建築の中心的課題となったことである。

大戦前の建築運動のひとつの結論であった一九一四年のドイツ工作連盟のケルン展覧会における諸作品、タウトやヴァン・デ・ヴェルデやグロピウスの諸作品の新しさは、いずれにせよ個々の建物における造形的、技術的な扱い方にあった。

けれども二〇年代の建築的実験の焦点は、都市計画と住宅問題の解決、建築群として捕えられた商業中心の造成にあったのであり、しかもこの点での技術的合理性は、一個の構造体の合理性にはなく、必ず大量生産と施工の機械化の可能性を前提としていた。

コルビュジエの「三〇〇万人のための現代都市案」(一九二二年)や「パリのプラン・ボアザン」(一九二五年)に始まる一連の都市計画案、エルンスト・マイやヒルベルザイマーの集合住宅地建設や都市計画理論、またグロピウスの提唱した住宅の工業化などは、一九二〇年代の建築家の関心がどこにあったか、逆に言えばその時代の社会の中心課題が何であったか、をよく示している。

彼らにとってひとつの建築、ひとつの住居は、一方において都市を構成する一単位としての合理性をもたねばならず、他方においては数多く量産される工業材料の組合せである必要があった。そして彼らは、社会主義的な立場から、合理的な都市建設と合理的な工業生産の媒介体としての新しい建築のあり方を求めたのであった。

㈢ 新しい形態意識

第三の特性は、この時期の建築家が大戦前とまったく異なる新しい形態意識の場に立っていたことである。

ベーレンスやペレーの作品は、その新しい材料の性能を発揮した合理的な機能的な建築としての新鮮さと高さをもっているにかかわらず、現代から見るとなお造形の性質としては、スマーク卿やヴィニヨンやシンケルのような人々の造形の性質に共通したものをもっている。

すなわち、一体のマスとしての建築体を、コーニスの水平線や、ピラスターやマリオンの垂直線や、開口部回りのレリーフ効果などによって、まとめようとする意識が、その造形の基礎となっている。したがって、リヴァイヴァル建築を造形的に否定した初期の近代建築運動の作品も、また新しい技術のもつ合理性に基づいたペレーやベーレンスの作品も、それぞれの意味で革新性はもっていたにせよ、それは同じ造形意識の場における革新であった。

けれども大戦前後の、新しい純粋な表現形式への追求によって、ペレーやベーレンスまでを包含していた古い形態意識の場は破壊され、新しい造形の基本的な姿——それ自体なんら手を加えられていない単純な多くのマスと平面と、さらに(デースブルヒの言葉をかりるなら)負の平面、すなわち透明な面、の幾何学的な交錯のバランスによって全体をまとめようとする——が生れつつあった。

二〇年代の建築は、この新しい形態意識の場に立って、しかもそれを現実の建築課題および建築技術の特性的なあり方と結びつけた建築を創ろうとした。

これは、一九世紀の初め以来進んできた建築技術および産業建築の近代化の過程が、一九世紀末から始められた建築の造形面における革新意識と結びついて、両要素の点で全く新しい建築創造のなかに総合されていく第一歩であったのだ。

㈣ 国際的な建築意識

第四の特性は、この時期の各国の新しい建築家に共通した連帯意識とその運動の国際的な性格である。

この傾向は、グロピウスの国際建築の提唱(一九二五年)や近代建築国際会議CIAMの結成(一九二八年)に端的に示されている。この時期の建築家はすべて共通の地盤に立ち、共通の目的を目指しているという連帯意識のもとに行動し、ドイツ、フランス、オランダ、スイス、ソビエト・ロシアなどの諸国間の建築家の交流はきわめて活発に行われていた。

この国際的な性格は、この時期の建築創造の抽象的性格に基づくものであったことが注意されなければならない。彼らは、建築創造における非近代を否定し、建築の近代化の基本的な筋を確立するために、二〇年代のヨーロッパ社会に共通していた「近代」の一般特性を抽象した。

コルビュジエは近代における「人間の生活と都市」を新しい目的として、グロピウスは「工業生産」を建築生産の基本として、ミースは「鉄・ガラス・コンクリート」を建築素材として、またコルビュジエは「機械の美学」を造形表現の原理として、それぞれ抽象的に設定した。そして二〇年代の建築運動は、その捕え方の抽象性、純粋さによって初めて近代の課題と方法を特性づける基本的傾向を正しく理解し、この基本的傾向をひとつの形にまとめることができた。

このような近代の条件の抽象化は必然的に彼らに共通の問題意識と解決の方法と造形表現の基礎をあたえ、その上に強力な国際的連帯感を育てることができたのである。

## 3　一九二〇年代における近代建築の成立

以上のように、一九世紀的近代および現代的近代の条件に根ざし、またペレーやベーレンスの先駆的活動を受けついで進められてきた建築の近代化は、一九二〇年代のヨーロッパ（特にドイツ、フランス、オランダ）において初めて、過去の建築と違ったひとつの新しい形式（すなわち近代建築）として、建築の歴史に登場する。

二〇年代のヨーロッパ諸国に生れた近代建築のさまざまな原理や形式については、冒頭でおことわりしたように、建築学大系六「近代建築史」の一六〇～一九〇頁に詳述したので、ここではそれらを概観するにとどめよう。

一九一九年、グロピウス(Walter Gropius)の指導のもとに新しい造形教育の学校として発足したStaatliches Bauhaus in Weimarは、一九一六年にBauhaus Dessau, Hochschule für Gestaltungとしてデッサウに移転し、一九三二年閉校されるまで、近代的材料や工業生産方式や近代生活から生れる新しい形態の創造について画期的な成果をあげ、またグロピウスが唱導した国際建築の考え方は、彼の名作であるバウハウス校舎とともに当時の建築運動に大きな影響を与えた。

また市の社会主義的な政策を背景としたフランクフルト・アム・マインの集合住宅局の建築家らは、マイ(Ernst May)を中心に、一九二五年以後大規模な団地建設と研究によって、新しい集合住宅のあり方を基礎づけた。

ドイツのミース・ファン・デル・ローエ(Ludwig Mies van der Rohe)は、鉄・ガラス・コンクリートの純粋な造形表現を追求し、バルセロナのドイツ館(一九二九年)やブルノのテュウゲントハット邸(一九三〇年)でそれを実現した。また彼の総指揮のもとで一九二七年シュツットガルトのヴァイセンホーフで開かれたドイツ工作連盟主催の住宅展は、二〇年代を代表するヨーロッパ各国の新建築家の作品を集めたもので、新しい生活と住居の基本像がここに提示されていた。

同じドイツにおいては、大戦直後の激しい表現派運動を通過してきたブルーノ・タウト(Bruno Taut)、マックス・タウト(Max Taut)、メンデルゾーン(Erich Mendelsohn)、ペルツィヒ(Hans Poelzig)、バルトニンク(Otto Bartning)らが、単なる幻想的表現でない、新しい機能や材料の即物的追求から生れる新しい形態を創りだしていた。

フランスのコルビュジエ（Le Corbusier）は、一九二一年以後、レスプリ・ヌーヴォー運動、ドミノ構造による量産住宅案、またパリ市区改革案における独自の近代都市像の提案や著書“Vers une architecture”に述べられた革命的な建築論や機械の美学……に代表される二〇年代前半の激しい主張と提案の時期を過ぎた後、ジュネーヴ国連本部案（一九二七年）やサヴォア邸（一九三〇年）のごとき、機能主義的な建築の典型とされる作品を数多く創った。

また、もっぱら建築形態の純粋化という造形的追求をつづけていたオランダのデ・スティール派の人々は、やがてその純粋な形態を建築の新しい内容的要素と結びつけて発展させた。アウト（J. J.P. Oud）のヘーク労働者集合住宅（一九二四年）は当時の近代建築の名作のひとつであった。アウトの影響のもとに二〇年代のオランダでは、ファン・デル・フルークト（L.C. van der Vlugt）やブリンクマン(J.A. Brinkman)やシュタム(Mart Stam)のような人々が、機能的でしかも純粋な造形表現をもつ作品を創り、オランダの新建築の指導的地位を確立した。

主としてドイツ、フランス、オランダに成立した近代建築は、程度の差こそあれ同じように、他の国にも現われていた。ベルギーでは、ブリュッセル郊外に「現代の都市」と呼ばれる団地を創ったブールジョア（Victor Bourgois）や、明るい開放的な多くの住宅を創ったド・コーニンク（H. L. De Koninck）が活躍し、ソビエト・ロシアでは幻想的な構成派や表現派の段階を脱皮した若い建築家たちがギンスブルクや(M. Ginsburg）ヴェスニン兄弟（V.A. Vesnin）を中心にして、堅実な機能分析と技術的合理性に重点をおく多くのすぐれた建築をつくっていた。また二〇年代から三〇年代初めにかけてのソビエト・ロシアにおける大規模な都市建設や工場建設は、西欧の建築家から深い関心をもって注目されていた。

スイスでは一〇年代から鉄筋コンクリートの単純な合理的な表現を主張していたモーゼル（Karl Moser）の指導のもとに育ったヘッフェリ（Max Haefeli）、アルタリア（Paul Altaria）、シュミット（Hans Schmidt）らの若い建築家が、二〇年代半ばからコルビュジエやグロピウスの跡を追って活躍し、またコンクリートのシェルやスラブ構造の開拓者であった橋梁技術家マイヤール（Robert Maillart）の作品も大きな影響力をもっていた。

## 4　近代建築国際会議（CIAM）の意味

### (一)　CIAMの結成と発展

ドイツ、フランス、オランダを中心とするヨーロッパ各国のこのような新しい建築への努力が、2で述べたような同性質の建築原理を目指していたことは明らかである。それについては、グロピウスの国際建築宣言やヴァイセンホーフ住宅展における共通性などをあげるまでもない。グロピウスやコルビュジエやミースやアウトはこの共通した原則――抽象的に確立された建築の近代化の方向づけ――によって、なお現実の建設では支配的勢力であったアカデミックな過去の建築原理と、惰性的に老化した一般人の生活意識と資本主義社会の生んだ社会悪とに対して戦いをつづけてきたのである。

そして二〇年代も末に近づくにつれて、この戦いにおいて、国際的に協力し合おうとする気運が各国の新建築家の間に高まってきた。

一九二八年スイスのラ・サラにおいて、各国の代表的建築家の初めての会合が開かれた。グロピウス、コルビュジエ、アウト、また美術史家であり同時に近代建築思想の代弁者であったギーディオン（Siegfried Giedion）らが集まり、近代建築運動の新しい協働的な発展が討議され、その結果「国際的計画のうえに、われわれの精神的・物質的希望を実現するために、相互に提携し合い、支持し合うことを宣言する」というラ・サラ宣言が発表され、CIAM（Les Congrès Internationaux d'Architecture Moderne）が結成された。その目的は「建築および都市計画における社会的、科学的、倫理的および美学的概念と一致する環境の創造と、それによる人間の精神的、物質的要求の満足。またコミュニティの生活と統一された個性の発達、ならびに人間と自然環境との間の調和の育成」であった。

この団体の具体的な追求の方向は、ラ・サラ会議に次いで開かれた第二回の会議の「生活最小限住宅」（フランクフルト・アム・マイン、一九二九年）、第三回の「配置の合理的方法」（ブリュッセル、一九三〇年）、第四回の「機械的都市」（アテネ、一九三三年）、の各主題に明らかに示されている。

すなわち彼らは、典型的な近代人の生活機能と工業生産と新しい美しさの規準に基づいて、都市形成の最終単位である各住戸および集合住宅の典型的なあり方を決定し（第二回）、次いで各住戸、各集合住宅の組合せによる物質的にも精神的にも満足すべき団地計画の基本的なタイプを研究し（第三回）、最後にそれらを人間の政治・商業・工業・文化活動と総合して、社会経済的な立場から、近代社会の建設と近代的人間の個性の発展のためにもっとも合理的な都市と社会環境の姿を設定しようとしたのである（第四回）。

こうして二〇年代におけるヨーロッパの近代建築勢力は結集され、それぞれの国で生成した新しい建築原理はここで意識的に、共通の国際的なテーゼにまとめられ、その精神は世界各国——日本も含めて——に普及し、CIAMは近代建築の核心的な推進団体と見なされるようになった。ここにはっきりした姿をとった建築の近代化の基本的方向は、各国におけるそれを実現する生産技術の工業的発展と人間の生活改善の意欲とを裏づけとして、社会の具体的な建築活動の隅々にまで浸透していくことになる。

## (二) CIAMの限界

けれどもこの団体の画期的意義にもかかわらず、これを現代の立場から考えるとき、われわれは、CIAMの考え方およびその原理を信奉した各国の新建築——二〇年代の近代建築——がわれわれの目指すべき建築の近代化の主流的なあり方であり、またコルビュジエやグロピウスやミースが到達したような造形や空間構成、すなわち国際建築の形式が、われわれの基づくべき近代建築の典型的な形式である、と規定することはできない。

二〇年代の建築は、過去の建築と異なる近代社会の建築の新しさを原則的に確立するために、二〇年代の社会の条件から「近代」を抽象し、その一般性のうえに立って、新しい建築の大きな筋を示し、その基本問題を明らかにしたところに意味をもっていた。けれどもそれは、1で述べた現代的近代の条件のすべてに対比して考える時、次のふたつの点において、建築の近代化の方向をすべての姿で正確に指向したとはいえない。

すなわち第一に、抽象的な近代の「社会」「人間」「工業」「造形」の前提に立つ二〇年代の成果は、二〇年代の半ば以後、各国の実際的な建設活動に適用されていく現実的な発展段階においては——具体的な近代化——それぞれの地方の自然的条件と歴史的条件をもつ具体的な人間の生活と生産技術とのなかで具体化されなければならず、したがってこの場合には、二〇年代では非近代として捨てられていた現実の諸要素——伝統、地方性、その国の産業水準によって決する手工業の位置づけの問題——が逆に建築の近代化の発展のための積極的な意味をもってくる。このような段階ではCIAM的な考え方はそのままでは通用しない。

第二に、二〇年代に確立された建築原理のなかでは、建築創造における工業技術に基づく合理性と、社会経済的な意味での合理性、いいかえれば建築の公共的存在としての合理性とが矛盾なく共存していた。それは、グロピウスの住宅工業の理念や新しいフランクフルトにおけるマイ派の追求の態度、またコルビュジエの都市計画案やソビエト・ロシアの新建築における基本概念のなかを一貫して流れている二〇年代の特性であった。これは、工業的発展と民主主義的社会への希望とが共存していた二〇年代の一般的社会情勢や精神的基盤に基づいている。けれども三〇年代以後、客観的な社会条件から建築における、このふたつの要素が分裂せざるを得なくなったとき、この問題に関する二〇年代の建築原理の抽象性は、超えがたい自己の限界にぶつかったのである。

注

1 ウェルナー・ゾムバルト（梶山力訳）「高度資本主義・I」P. 34

2 ルイス・マンフォード（三浦逸雄訳）「技術と文明」P. 163

3 加茂儀一「技術発達史」P. 308 および P. 314

4 本稿のガラス技術に関する記述は，Otto Völckers: *Glas und Fenster, ihre Geschichte und ihre Bedeutung in der Gegenwart* 1939, によっている。

5 弾性法則は Hooke (1678) と Mariotte (1679) によって見出され，解析幾何学は Descartes の著書「幾何学」(1637) によって出発しており，ガリレオやステフェンス以来の古典力学は Newton の著書 *Philosophiae Naturalis Principia Mathematica* (1686) に大成され，さらに Lagrange や Euler や d'Alembert によって，解析力学および微積分に基づく弾性理論が一八世紀中に成立していた。

6 Turpic Bannister: *The First Iron-Framed Building* (The Architectural Review, 1950, Apr.) 邦訳，建築史研究 No. 5

7 Turpic Bannister, 前掲論文

8 Turpic Bannister, 前掲論文および Siegfried Giedion: *Space, Time and Architecture* (1941) P. 108

9 C. F. Innocent: *The Development of English Building Construction* (1916) P. 273

10 オットー・ヨハンセン（三谷耕作訳）「鉄の歴史」(1925. 訳 1942) P. 168

11 Atkinson & Bagenal: *Theory and Element of Architecture*, P. 224

12 Atkinson & Bagenal 前掲書 P. 224

13 Atkinson & Bagenal 前掲書 P. 225 およびマチョス編「西洋技術人名辞典」(1925) P. 399

14 Tredgold: *Elementary Principles of Carpentry* (1820) のなかには，スパン一三五フィートの乗馬学校の図面が説明されており，それはモスクワで建設された。なお Ellis: *Practical Carpentry* (1906) P. 83 によれば，一九世紀以前の木造最大スパンは，ロンドンのコヴェント・ガーデン・オペラハウスの八二フィートであった。

15 Fairbarn: *Application of Iron to Building* (1870, 4th ed.) P. 2 および S. Giedion 前掲書

16 Fairbarn 前掲書 P. 183〜186

17 D. Dex Harrison: *Window into wall* (The Architectural Review, 1950, Aug.)

18 H. R. Hitchcock: *Early Cast-Iron Facade* (The Architectural Review, 1951, Feb.)

19 S. Giedion 前掲書 P. 134

20 Caroll L.V. Meeks: *A History of the Train Shed* (The Architectural Review, 1951, Sept.)

21 *Dictionary of Architecture and Building.* Iron の項

22 Caroll L. V. Meeks. 前掲論文

23 Foerster: *Die Eisenkonstruktion des Ingenieur-Hockbaues,* 5. Aufl.

24 実例としては，Luigi Cremona: *Corso di Statica Graphia* (1867～'08), Georg Dietrich August Ritter: *Lehrbuch der Technischen Mechanik* (1865), Carl Culmann: *Graphik Statik* (1867) などがある。

25 機械館の構造技術書の名は，Gustav Adolf Platz: *Die Baukunst der Neuesten Zeit,* 2. Aufl. Berlin, 1930 やまた S. Giedion の著書では Cottancin としてあるが，N. Pevsner は *Pioneers of Modern Design* の脚註で，これらを誤りとして，Contamin と直している。

26 本論の鉄筋コンクリート技術および理論の史的資料は，Dr. E. Mörsch: *Der Eisenbetonbau, seine Anwendung und Theorie,* 5. Aufl., I. Band, II. Hälfte および *Handbuch für Eisenbetonbau,* 3. Aufl. I. Band. の記述に基づいている。

27 モニエ式橋梁アーチの写真は前掲の *Handbuch für Eisenbetonbau,* P. 30 に掲げられている。

28 Dr. E. Mörsch 前掲書。P. 401

29 トラスの二次応力の問題は，一八七九年の Manderla, 同年の Engesser の *Über die Durchbiegung von Fachwerkträgern und die hierbei auftretende zusätzliche Spannung.* また一八八〇年の G. Asimont の *Hauptspannung und Sekundärspannung* などに始まっており，それらの基礎原理であるカスティリアーノの定理は一八七五年に発表されている。

30 W. Wilson and G. Maney: *Windstress in the Steel Frames of Office Building,* Illinois Univ. (1915) および W. Gehler: *Rahmenberechnungsmittels Drehwinkel,* Berlin (1916)

31 アメリカ建築産業の機械化の過程については，William Haber: *Industrial Relation in the Building Industry,* Harvard Univ. (1930) の記述に基づいている。

# [II] エレメントの背景

# 第四章　窓のデザインの発展

たとえばゴシックの尖頭アーチ窓やヴェネツィアの総督宮のアーケードを伴った開口部やあるいはまた現代カリフォルニアの大きなはめ殺しガラス面に対して、われわれはそれを建築スタイルの立場や開口部の型を決める構造タイプの立場などからのみ理解し批判しようとしやすい。それらは窓の内容を形作る大切な要素ではあるが、けれども窓にはそれ以外のもっと本質的な半面がある。人間が、それ故に建築家が、窓に対して初めに要求することは、室内に光と空気とを適当に導き入れ同時に外界への見透しを可能とする、ということである。それはいかに華やかなレリーフに飾られ精巧な格子模様に隠されていようとも、長い建築の発達史における窓が窓であるための第一条件であったのである。われわれは現在、室内の光と空気の量がいかに重要であるかを知っており、それらを測定する手段をもっており、しかも開口部を最大限に拡げうる構造体とその全面をガラス面にすることを許すだけの効果的な新しい暖房と換気の方式をつくりあげてきている。したがって前述した窓に対しての第一の条件をもって意識的に前面に押し出すことは、現代において強く要求される建築的な態度のひとつなのであり、本稿はこうした観点から、Review 誌の論文 “Window into Wall” を中心に、窓の建築計画的内容と、鎧戸から近代のブリズソレイユに至る光コントロールのための種々の考案を取扱っている。

## もっと多くの光を

北方の原始民族が竈の煙を追い出し同時に外の明るさをとり入れるために、小さな天井孔を彼らの泥塊で積みあげた家の天頂に穿って以来、ひとは窓をあけることによってまず第一に、もっと多くの光を室内にとり入れようと努力した。そのための具体的な問題は第一にできるだけ大きい孔を壁に穿つことであり、第二にその孔から風雨が侵入するのを防ぐことであった。組積構造の壁体に孔をあける努力と平行して第二の問題に対しても人間は大いに発明的であった。エスキモーたちは雪塊で彼らのドームを作るとき必ず数個の透明な氷塊を使用し、海岸に面した住宅では魚の鰾を、森林の山小屋には牛の胃袋を使用し、また獣皮を半透明になめし、ワニスを塗って使用する一種のペルガメントも窓に使われた。透明な鉱物や非常に薄く切られた大理石およびアラバスターは細い格子にはめ込まれて中世初期にさかんに用いられた。また透明な物質なしでの格子窓は南方のおだやかな気候のなかで風雨を防ぐために一般的に使用された。けれどもローマ以来このための決定的な貢献はガラスによってなされた。

ガラスの生産技術が普及した中世以来、ひとは透明な物質に悩む必要がなくなり、残された問題である構造的な制約を克服しながら、ゴシックの窓を、ルネサンスの窓をつくり出していった。その経過のうち建築家がより多くの光をとり入れようと努力した理性的な追求のよい一例は、エラスムスやレンブラントの輝かしいオランダ・ルネサンスの多層住宅建築にみられる。アムステルダムの条件は苛酷なものであった。運河に面した埋立地の地価は高く、そのため家屋は間口の狭い細長いプランをもたねばならず、しかも運河をへだてた向側にある同じくらいの高さの建物は、そうで

図1

なくても霧の深いしめったオランダの気候に与えられるわずかばかりの陽光を遮断していた。かかる問題の解決として設計者は、遮断される日照の角度に従って床高を変化させ、最も日照条件の悪い一階に最大の床高を与えた。しかも増大する高さは向側の建物の遮断による光の損失の量にバランスするように定められ、居間の昼光率 Daylight Factor（室内の照度と室外の照度の百分比）の二パーセント、寝室の Daylight Factor の一パーセント、の差異をつけることまで配慮されている。かかる取扱いはアムステルダムのみでなく、ヨーロッパ諸都市にみられる共通の現象なのである。また図1に見られる民家の、上にいくに従って前方へのり出した伝統的な形式も、より多くの光を求めようとする意志をはっきりと語っている。

ここにあらわれた合理的な計画原理は、それがルネサンスの最盛期であったというのに当時の美的流行とは全く非妥協的に実現されており、そこに達成されたものはクラシックのモティーフの応用にあるのではなく、こうした条件によれば、こういう結果になるはずだという合理的な外観なのである。

窓に対する理性的な人間の追求は一九世紀に至って今までとは全く違った新しい道程に入った。新しい材料と構造技術、大型のプレートガラスの工業的生産が、そのための環境をすっかり変化させたからである。鋼および鋼筋コンクリートの強靱な梁は壁に孔を穿つための構造的な努力を消散させ、磨きあげられた大きなプレートガラスは細い窓格子や窓枠を不必要とした。それは「壁のなかの窓」を「壁の代りの窓」に発展させていく可能性であり、その発展の第一歩であった。

より多くの光を求める意志がこの新しい環境に率直に従うよろこばしい成果を、われわれはヴィクトリアン時代のロンドンの街に見出すことができる。Miner ゴム会社事務所、Messers, Asworth Brown の百貨店（図2）のごとく美しさと合理性が一緒に躍動している場合、また Bar-Lock の家や Hop Change ビル（図3）のごとく窓と建築の結びつきのなかに快い趣味が成功している場

図2

図3

合、そうした所にいつの間にかスタイルが成熟していった。

けれどもその後、「壁のなかの窓」から「壁の代りの窓」へ進んでいこうとする近代建築の新しい動きは、やや一方的な表現を求めて手探りで進んでいった。

というのは、もっと多くの光を建物に注ぐべきだという考えとそれを可能ならしめる環境に刺激されて、建築家は窓を壁の全幅に「水平に」通すことに熱中し、そうしてこの水平方向の連続窓が近代建築スタイルの大きな特徴ともなったからである。

けれども最近の二〇年間科学者たちは、間口の狭い部屋を除いては、かかる取扱いが非論理的であることを示し、水平方向の連続窓というものは、水平線が近代建築における礼式上必要な作法であるという気分がより多く関係している一時的な流行であることを明らかにした。ここに説明されている図4は、水平窓が「同じ面積」の垂直窓より採光能力が高いことを説いたコルビュジエの誤りを指摘している。彼の説明した窓は実際には同じ面積でないのであって、もしわれわれがそれを同一面積にとり、その昼光率の曲線を五パーセントと二パーセントのところでプロットするとe、f図ができる。それはこの二

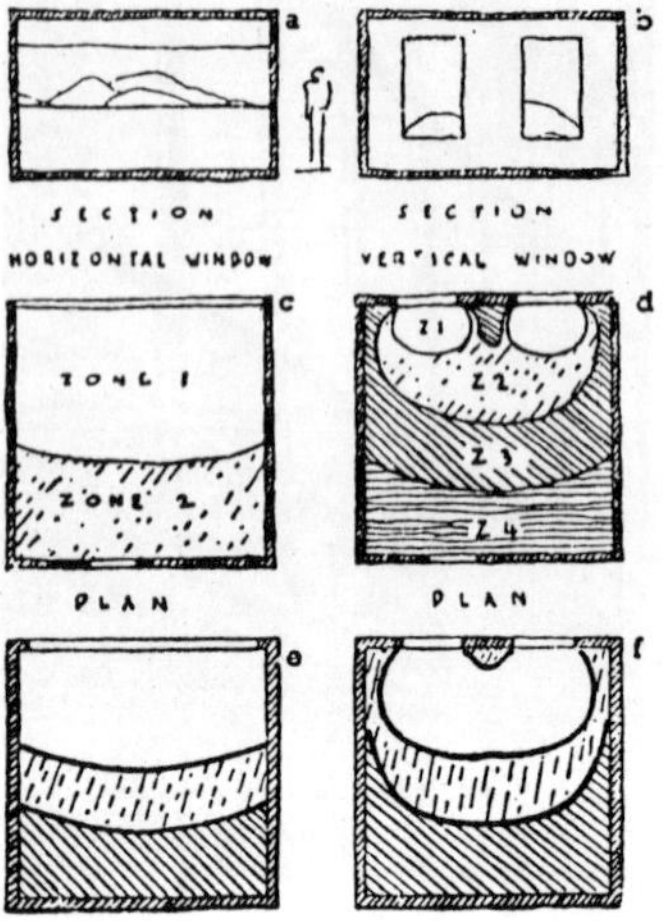


図4

種の窓が実際は大体等しい採光能力をもつことを示しており、コルビュジエのつくったe、d図は全く誤った印象を与えている。しかもe図に用いられた水平窓は非常に高い所に窓台をもっているものであるから、水平窓がもっと低い所にある場合、それはさらに不利なことになる。したがって現代では、建築家がより多くの光をとり入れるために断固として水平線を使う必要はなく、むしろ今後の研究は垂直窓のプロポーションに向けられねばならないといえよう。

「壁」というものの機能は、かつては床を支える構造主体の一部として、また風雨の侵入から室内を保護するものとして考えられていたが、それらはいずれも進歩した近代の建築技術の出現によって無意味なものとなり、それに代りうるカーテン・ウォールや「窓」がつくられてきた。緑のガラスに覆われたコルビュジエのUN本館が示唆するように、それは新しいデザインの内容であり、しかも後述する光コントロールの諸設備の発展と組み合わされて、新しい Window Wall の誕生となるのである。

## もっと柔かい光を

もっと多くの光を導入しようとする方向から生れた現代のガラス壁面（壁の代りの窓）のもう一方の裏づけとして現代建築の最も重要な成果は、ルーバーやブラインドやブリズソレイユなどの設備による光のコントロールの発展であり、それはともに総合されて現代の建築の新しい因子として完結した建築スタイルに肉付けされてきた。多すぎる直射日光をさける手段として、今ではよく知られている固定したまま動かしうるルーバーや広いガラス面に組み合わされたブラインドや前面にはりめぐらされたブリズソレイユのもつ効果に関しては、もはや議論する必要がない。

けれども、ニーマイヤーやカリフォルニアの建築家たちの作品のスタイルを規定しているブリズソレイユやルーバーの新しい形式に眩惑されて、それのみが唯一の満足すべき光コントロールの形式だと思いこんではならない。何千年の間、考えうるすべての考案が、多くの気候条件のもとで異なった「生活のあり方」と異なった建築技術のうえで、烈しすぎる光をコントロールするために実現されてきたのである。

インドのタジマハールには大理石のレース模様がその開口部を覆い、烈しい熱帯地の陽光を遮るとともに建物の壁面に深さと豊かさを与えている。同様の取扱いは中国や西アジアの到るところに用いられている木材の格子模様をもつ壁体にも見られる（図5）。この技術をもっと穏かな気候に

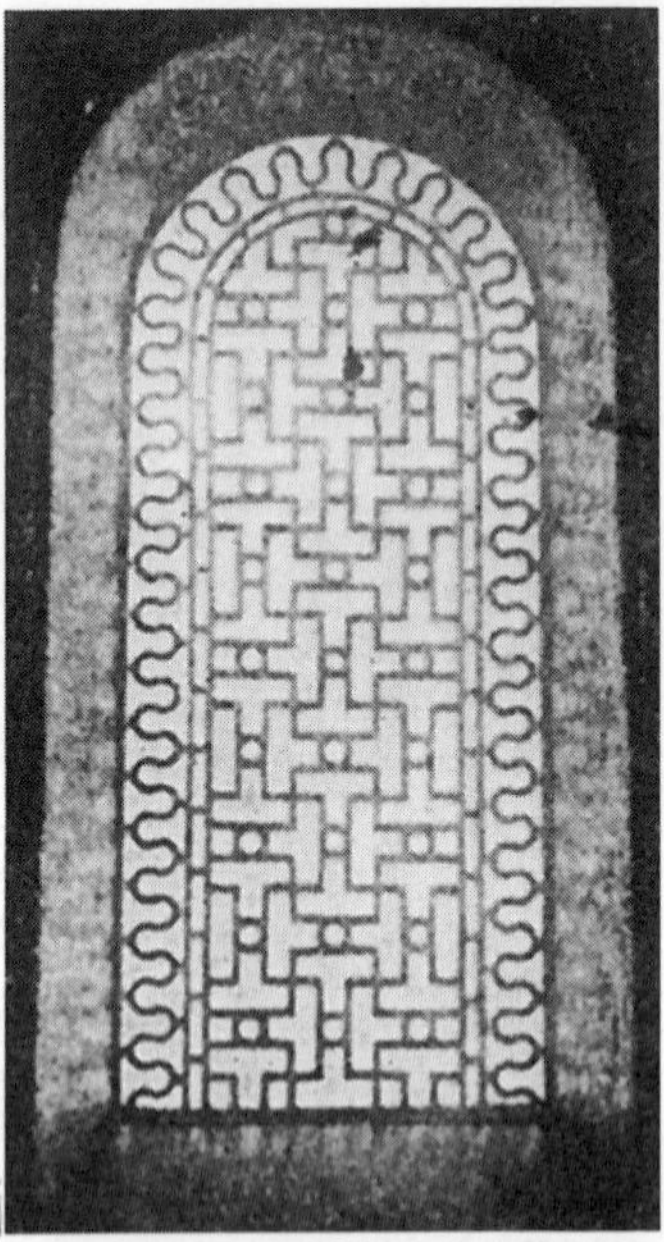

図5

図6

図7

図8

図9

あてはめてみると、ヴェネツィアでは、アーケードを伴い格子模様に飾られたゴシックアーチおよび欄干をもった引きこんだバルコニーが充分に陽光を穏かにしている（図6）。また同じヴェネツィアの旧い民家の窓（図7）には、現代知られているほとんどすべての光コントロールと換気の形式が行われている、頂点の固定した換気孔、レースカーテン、光を遮るための三つの手段（室内のカーテン、回転シャッター、木製シャッター）が見られる。

北方の気候のなかでのバロックの窓の取扱い（図9）は、ブリズソレイユの構成と比較されるべき計画的内容をもち、一四世紀のヴェネツィア人が行った窓（図7）の構成は、ブリズソレイユとブラインドを組み合わせた最も現代的なスイスの実例（図8）と技術的に酷似している。

こうした立場から過去の建築を観ていくならば一見彫刻や繰形によって様式的にのみ印象づけられやすいこれらの建築にも、その段階におけるブリズソレイユやルーバーの豊かな精神が働いており、それが建築の内容を規定した重要な要素であることを、われわれは知ることができる。現代のブラジルではブリズソレイユであるものがルネサンスのヴェネツィアではアーケードをもったバルコニー形式であらわれ、カリフォルニアでは大きなガラス面とヴェネチアン・ブラインドの組合せであるものが中国では格子模様の木の扉となる。そこに動いているものは古代から現代に至るまで変ることのない、烈しすぎる光をコントロールしようとする合理的な精神の、それぞれの環境における追求なのである。

この精神が、近代的な技術としかも烈しい熱帯地の太陽に悩まされるブラジルの気候という環境のなかで、ブリズソレイユを生んだ。もちろんニューヨークの高層建築群のように建物が密集して建っている場合、問題はむしろより多くの光を採り入れることであるが、ブラジルは相当の高層建築をもっていながらそれが多く孤立して建っているところに、ファサード前面を覆う一種のルーバーとしてのブリズソレイユが生れる必然性があったと考えられる。

現代建築がつくりあげた各種のルーバー（ヴェネチアン・ブラインドも一種の、最も融通性あるルーバーである）が、他の時代のすべての実例と異なっている点は、それがプレキャストコンクリートや軽金属で建物とは別につくられていること、およびそれが大きなガラス面と組み合わされて、光の導入と遮断の両限界が極端に拡げられたことであろう。同時にそれらとともに、換気が窓から分離されて、窓は光の伝達だけを目的として通風や換気という面倒な問題とは別個のものとなってきたことも大いに注目すべき傾向であろう。かかる考え方によって得られる単純さと率直さは最近のアメリカの作品に大いに貢献している。ピエトロ・ペルッシの事務所やフィリップ・ジョンソンの住宅（図10）などは、こうした傾向がいかに現代建築スタイルの印象を変化させていくかを、明らかに暗示している。

けれどもこれらの作品にあらわれた窓の取扱いの新しさは、単に一人の秀れた現代建築家が夢想し希望したスケッチやエスキスによって生れたものではなく（すべての時代の建築家は同じものを望んでいたのである）、アルミニウムやスティールのサッシュ、大きなプレートガラス、完全に調節しうる冷暖房設備や空気調節装置などのディテールを可能ならしめた現代の技術的環境にあることを忘れてはならない。

図10

事実すでに、建築は基本的に採光と換気――および他のわずかなもの――の問題の満足すべき率直な解決である、というデザインの精神から現代の独自性を内容的に誇示しうる秀れた数数の作品が存在している。

光コントロールに関するルーバーの効果についての可視的な実験が最近イギリスで行われた（図11）。モデルは小学校の教室の採光に対するいろいろなルーバーの配列による効果を調べるためにつくられている。壁と天井には反射光を無くすために黒い紙が貼られ、昼光率を可視的に記録するために床から二フィート六インチのところ（机の面の高さ）に感光紙がおかれた。感光紙に現われた色の具合は前もって計算された昼光率の価に対応させられ、複雑な問題のすべての点の昼光率がただちに見出されるのである。a図は障害物のない窓の場合の急激な変り方を示す。昼光率は後の壁の一・九パーセントから窓付近の二〇パーセントまで鋭く上昇している。b図においてはルーバーが光の強さを室の中央前面に向って非常に効果的に下げ（後部の光を減らすことなしに）、そのため教室全体の明るさのバランスはも

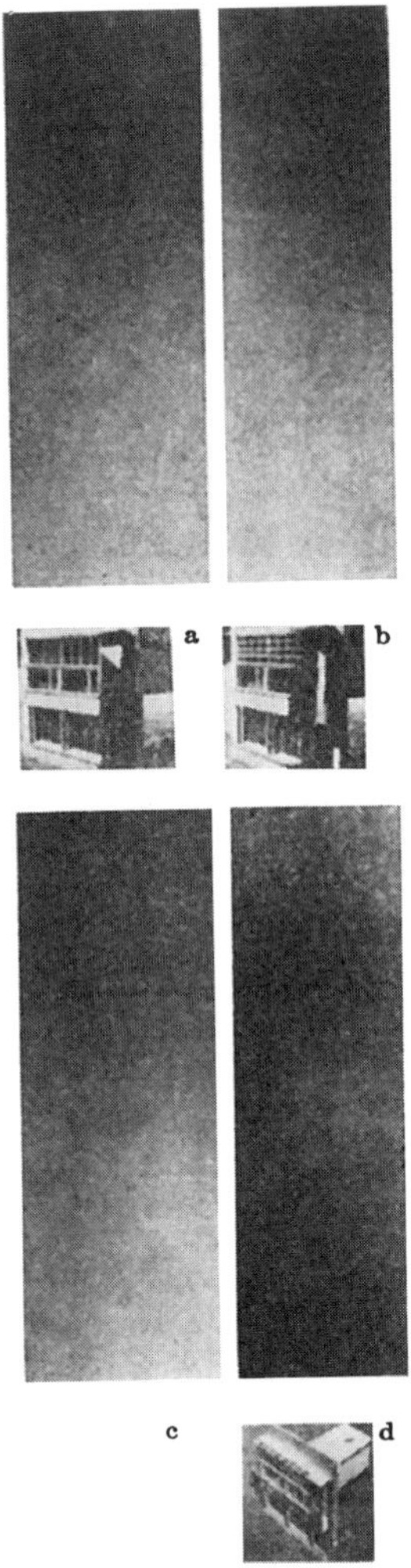

図11

っと満足すべきものである。c図はb図と同じ場合であるが、白い壁体と天井から追加される反射光が光の強さをすべて三倍以上にあげている。d図はこれに直径三フィートの天井採光が加わった場合である。

窓のデザインのよりどころとしてかかる科学的実験を数多く行うことは、単なる流行や礼式上の必要から取りつけられたルーバーや、ブリズソレイユの「新しい形式」とは比較にならない現代性をもっている。ルーバーを使用するかしないか、使用する場合の大きさと配列と方向をどうするか……の問題はかかる理性的な実験的な根拠から行われるべきであり、こうした態度の集積こそ建築デザインを堅実に進めうる唯一の道である。

## われわれの場合

図12

主として木材の骨組から住宅を構成したわれわれの祖先は、柱と桁と土台の間に残された開口部の取扱いに深い理解を示している。大きく開いた Window Wall には、障子——習慣的な用語概念でその意味が曇らされないように言うならば、それは不透明の紙を貼った木製のスライデングスクリーン——がはめ込まれ、それを通して拡散された柔かい光が室内に浸みわたり、開いている時には広いヴェランダと支柱とが注意深く構成された庭園や自然への見透しの落着いた前景を形作る。こうした窓は単に光を合理的に伝達する手段であるのみでなく、そこに住む人間の生活自体——自然に近づきその親しさのなかで生活の快適さを求めようとする——を支配する内容をさえもっている。それと同じ意味の取扱いは現代カリフォルニアの住宅やノイトラの諸作品にもしばしば見られるものである。柱を壁の外に出し軒を長く伸ばして広いヴェランダを張り出した住宅はベルッシ等の現代住宅の例に技術的に酷似しており、また板戸と障子のさまざまな組合せによって、あるいは障子と簾の組合せ（図12）によって適切な光の導入と風雨の阻止と外への見透しとを巧みに処理した多くの実例、細い窓格子と組み合わされた蔀戸（図13）、さらに夏至の陽光は通さず冬至の陽光を室内深く導くように考

図13

えられた南側の縁近くに植えられた濶葉樹、……徳川時代に完成されたわれわれの住宅文化の達成した高さのなかには現代のルーバーやブリズソレイユを生んだ精神に匹敵しうる生気ある合理的な追求が見受けられる。それらは、光のコントロールという機能的内容を少しも減ずることなしに秀れた形式に結晶し得たからこそ、日本と似た温暖な地方（たとえばハリウッド）で現在正当に評価されており、その秀れた開口部の取扱いは現代アメリカ住宅の先端的なデザインの要素として、異なった材料と異なった生活の在り方のもとで取り入れられているのである（われわれの土地から運び出された窓の取扱いに関する技術的成果が、ガラスとアルミニウムとプライウッドの現代アメリカ衣裳にかざられて初めてわれわれの国に再輸入され、雨戸とガラス戸と障子から成り立つ現代日本の乏しい光コントロールの内容と比較して、あらためて感嘆させられるのは奇妙であり、またいささか非能率的でもあろう）。

この覚書は、現代諸作品の窓のデザインの解説を犠牲にして過去のそれを扱いすぎる傾向があったかもしれない。けれども私は、この乏しい国の市場に提供される指垢によごれた粗末な規格品の建具を通して眺めながら、「もし私が、ニーマイヤーがブラジルで得ているような機会をもちさえすれば！」と嘆息しがちな、才能と覇気に溢れた若い建築家仲間に語りたいと思うのである。ひとは、晴れた日のアスファルトの道を傘をさし長靴をはいて歩く人間をおかしがるが、ブラジルの太陽の下で生れたブリズソレイユがわれわれの土地につくられた時、われわれは果して笑いうるであろうか。模倣から発展は生れない。ルネサンスもバロックもまた過去の日本も、それぞれの立場におけるルーバーの「内容」をもち、それぞれの形式をつくってきた。現代のわれわれも、他人のものでなく自分のものを、自分の生活と技術的環境に適合し、しかも科学的な実験を理論に基礎づけられた窓のデザインを進めたいと思う。

# 第五章　空間概念としての壁

## 壁の意味

建物を、それが人間の生活の囲いとしての機能を保つかぎりにおいて、極限にまで省略しつづけていく時、最後に残されるものは、その住いの拡がりを定める床面とそれを包むシェルターとしての屋根である。どんな形の原始的な住居であっても、床とそのシェルターなしには考えられない。けれどもわれわれが現在受けとっている意味での「壁」については必ずしもそうはいえないように思う。われわれの知っている多くの原始的な住居を頭にうかべてみると、それらのなかで壁がいかに曖昧な姿でしか存在していなかったか、が認められる。

たとえば、洞窟住居や獣皮製の天幕や木造草葺きの竪穴住居では、壁はシェルターの一部、斜めの屋根の延長として床の拡がりを限界するにすぎず、また地面に垂直にたてた巨石や粘土の「壁体」のうえに石や木材を架した原始住居では、壁はただ屋根を支えるための閉鎖的なかたまりとして存在するにすぎない。これらを壁と呼ぶことはできよう。けれども、そこに建築の問題としての壁が存在していたということはできない。それは単に住いを閉鎖するものにすぎないから、いいかえれば、そのような壁体と屋根に囲まれた住いは内容的に、洞窟や積みかさなった岩山の隙間に住むけだものの住み処と同じだからである。

危険と辛苦にみちた外界から一応安全に隔離された自分らの住いの独立性を、上のような形で手に入れた人間が次に願うことは、外界からの必要な隔離を保ちながら、逆に外界の自然と結びつくこと、であった。

内部から外部へ結びつこうとする人間の住いの要求において、それまで単にシェルターの一部であり、また屋根を支えるかたまりにすぎなかった「壁体」が、建築の問題としての壁――すなわち、住いとしての内部空間の拡がりを外界から遮断する閉鎖的な面であると同時に、そこで内部空間と外界とがなんらかの意味で結びつく開放的な面――として理解されはじめた。壁は、その形が閉鎖的であれ開放的であれ、常に、そこに住まう人間がどのような内部空間＝外界の結びつきのうえに自分らの住いを造ろうと欲したか、というひとつの建築的な生活的な意図と解釈に基づいて構成されはじめたのである。

ここに、建築の問題、住いの問題としての壁の発生がある。

また一方、壁の扱い方やその性質は、構造的な材料的な面からも語られることが多い。壁体は垂直面として、あるいはまた一定の柱と梁の軸組として、屋根を支えるという構造的な役割をもっているのであるから、その扱い方や性質が、建物全体の構造方式や材料と密接に結びついていることはいうまでもない。けれども壁体のもつ構造的・材料的な性質はむしろ、シェルターとしての屋根をいかに支えるかという――すでに竪穴住居や天幕や巨石住居のなかで、壁の問題より以前に、建築的にはっきりと捉えられていた――シェルターの問題に属することであって、それが同時に建築的要素としての壁の構成のための、一定の条件、制約となっていたのである。いいかえれば、シェルターの問題としての構造技術的な進歩や材料の改善は、壁の扱い方やその特性に対して、それを具体化する方法として条件づけ、限界を拡げ、発展の可能性を与えはするが、その発展の性格を主体的に方向づけるものではないのである。それぞれの地方における壁の特性的なあり方の変化は、基本的に、そこに住む人間の住い＝外界の関係についての解釈と意図の相違に基づいている。

したがって、壁のあり方を構造的な材料的な面からだけ理解しようとすることは、壁を構造的な問題としてのみ創ろうとすることと同じように、正しいアプローチとはいえない。その態度は、壁の問題を、屋根をいかに支えるかというシェルターの問題ととりちがえているからである。

## 壁の発生

構造的なまた材料的な要素からはなれて、住いの問題としての壁の発生を考える時、それが常に閉鎖性と開放性というふたつの相反する性質の両方に絡みあっていることは前に述べたとおりであるが、これについて、北方的な竪穴住居という原始的形式の発達が面白い実例をわれわれに提供してくれる。

日本と西欧とは、それぞれの木造家屋の原始的な源のひとつとして、非常によく似た竪穴住居をもっている。それらは、構造部材の組み方に若干の違いがあるにせよ、ともに石材が手に入りにくい、外界の自然条件のきびしい平地での閉鎖的な住いの囲いとして必然的な形——掘り下げられた床面と掘立ての柱と、それにかけられた地面まで達する傾いた草葺き屋根と最小限度につけられた出入口——を示している。それらはともに最大限に閉鎖的であって、掘り下げられた床面から数尺の垂直の壁は存在していても、外界へ結びつこうとする意味での壁の問題は、同じように全く発生していない。

けれどもその各々の竪穴住居に壁の問題が発生するとき、すなわち、それまで地表まで達して内部空間を覆っていた草葺き屋根が次第に高く持ちあげられて地表からはなれ、内部空間の「側面」

登呂住居復原

登呂住居の架構

が地表にあらわれたとき、ふたつの住居は全く違った姿に変っていくのである。

一方は、登呂住居から平出住居の移り行きに見られるように、屋根面は高くなりながら庇を長くのばし、地面の上にあらわれた内部空間の側面は、地面と屋根の庇にはさまれた暗所に守られて奥深く後退している。他方では、内部空間の側面が小さな開口部をもった頑丈な安定した壁として地表に迫り出し、屋根面はその壁の上に乗って高くそして小さくなっている。

ふたつの実例における壁の扱い方、すなわち内部空間の閉鎖性と開放性について考えてみると、西欧の実例では、内部の閉鎖性が安定した壁そのものに依存しているに反し、日本の実例では、その閉鎖性はより不安定な薄い壁と長くのびた屋根の庇に守られた中間的な空間との協力からつくり出されている。また西欧での内部空間の開放性は、閉鎖的な壁の一部にあけられた開口部で得られているに反し、日本の実例では、それを不安定な壁面そのものに依存している。そして壁そのものについては、一方は閉鎖的で他方は開放的であるといえよう。*

同じ原型から出たこの対照的な壁の発生が、それぞれどんな客観的条件に左右されたものであるかについてははっきりした答を出すことはぼくには不可能である。そしてまた、この局所的な実例の判断によって、建築における壁の発生の問題を全体的に説明することはもちろんできない。

けれども、このふたつの壁の発生の姿は、少なくとも日本と西欧におけるそれぞれの人間の内部空間＝外界の結びつきに対する解釈と意図の基本的な相違を示している。そして壁のあり方に対するこのような対照的なアプローチは、ただそれぞれの建築の壁面を部分的に特性づけているだけではない。それは、建築におけるもうひとつの要素——シェルターをいかに支えるか——と関係しな

* 藤島先生の復原によれば，平出住居の壁は出入口以外全く閉鎖的であるが，それが主体軸組にとりつけられた薄い板壁であることおよび周囲を取り巻く深い庇の出から，この壁のあり方に内在する開放性が読みとれるはずである。

がら、それぞれの建築創造に対照的な場を与えてきていると思う。

では、人間の内部空間＝外界の結びつきに対する解釈と意図に基づく壁の問題を通じて、建築創造の場としてどのような相違が生れたか、を次に考えてみよう。

## 生活空間の独立性

われわれが日本と西欧の住いを比較してただちに感ずることは、建物の壁とそのまわりを囲む塀の性質の違いである。日本の住いでは、壁面は開放的で弱々しく不安定であるが、まわりの塀はむしろ閉鎖的で安定した囲いである。一方、西欧の住いにおける壁と塀の関係は逆であり、むしろ塀のない場合が多い。この違いは、外界に対する住いとしての生活空間の独立性という共通した要求を、性質の違った壁の扱いで処理していることから生じている。

開放的な壁面に囲まれた日本の住いの室内空間は、庇下の広縁と落縁を経て外界に拡がる。したがってその住い、生活空間の外界に対する独立性を確立するためには何らかの限定が必要であり、そのために塀が、また時には川や池や樹木が閉鎖的に扱われなければならなかった。そしてこの場合の住いとしての生活空間は、建物内部にとどまらず、外界から縁をきられた庭を含むことになる。塀によって閉鎖された生活空間の独立性は、寝殿造りや書院造りの貴族住宅形式にももちろん見られるが、最もよい実例は田園に散在する農家である。そこでは繁った樹木や植え込みや閉鎖的な土塀が、そのなかに連続した室内空間と庭とを囲んで、広い平野のなかで全体として統一された独立性を示している。

内部から外部に結びつこうとする意図は、室内と庭との間の壁の扱い方を規定したと同じように、「塀」の扱い方にも見られる。生活空間は、前例の農家のように塀や自然物によって、実際的にも視覚的にも閉鎖されることがある一方、実際的な閉鎖が必要でない場合には川や池や低い植込みや地形の高低が、視覚的に庭を外界と結びつけながら、そこにはっきり感ぜられる心理的な閉鎖面を暗示する、という処理も多い。けれどもこの場合常に、庭と外界における「塀」の方が、室内と庭の間の「壁」よりも強く閉鎖的に扱われていることが注意される。

たとえば高い山上から奈良平野を見下ろしている慈光院においては、庭が外界と視覚的に強く結びついているが、その強さに応じて室内と庭の間にそれ以上の開放性を創り出すために、構造としては異常と思われるほど広い柱なしの開口部が用いられている。そしてこの異常な開放性によって、全体としての生活空間を閉ざす心理的な「塀」を暗示することに成功しているのである。

これに反して、西欧の住いでは、前に述べた木造家屋に限らず、それが煉瓦造であれ石積みであれ、壁面が室内空間を閉ざし、この壁をへだてて、建物の内部空間が直接外界に接触している。したがって、住いとしての生活空間の独立性は、建物自体で得られている。いいかえれば雨や風の暴威や外敵の侵入に対して、庇や庭や塀の閉鎖性に助けられることなしに、頑丈な壁自体がたちふさがって室内空間を守っている。住いの生活空間は、室内空間そのものなのである。

もちろん、その建物のまわりに庭がつくられ、それを塀が囲んでいる場合もある。けれどもその場合の庭は、外界から独立した生活空間の一部ではなく、単に住いの近くの外界の一部にすぎず、したがって塀は常に壁よりも開放的に不安定に扱われている。たとえば、ヴェルサイユ宮殿の建物と庭とそれを囲む自然（森林）との関係を京都御所や修学院離宮のそれと比較してみると、両方の生活空間の創り方の根底に、壁と塀の閉鎖性の相違があることが感ぜられる。同じ西欧的な住いでも、地中海に面する比較的温暖な地方における生活空間は、あながち壁に閉ざされた室内にのみ限られていたわけではない。古代ローマの住宅のアトリウムやペリステュリウム、ルネサンス・イタリアのパラッツォ建築にみられるコルティレ、スペインの住宅の伝統的な形式であるパティオ……のように、その生活空間のなかに完全にとりこまれた多くの中庭があるし、またポーティコやロッジアのように、開放的な列柱廊によって、室内と外界との間に媒介的な空間をもっている実例も多い。けれどもこれら室外の生活空間はいずれも閉鎖的な壁で室内空間と縁を切られていて、室内空間にも外界にも属しない別個の中間的な存在として扱われており、したがってそれらを、室内空間と流れ合っている日本的な庭や広縁や中門廊のようなあり方と同じ性質のものとすることはできない。

**形としての表現＝立体的構成と非立体的構成**

開放的な壁と閉鎖的壁はまた、建築の形としての表現に違った創造の焦点を与えている。室内空間を限定しながら同時に外界に対抗している西欧的な壁は、それ自体がひとつの空間的なかたまりである室内空間の側面を表わしており、屋根と壁に限定されたそのかたまりの形は、自然のなかに独立したひとつの立体としておかれている。逆に言えば壁は屋根とともに、その建物をひとつの立体として統一する「面」の主張をもっているのである。したがって建物は、山上に立つパルテノンのように、またコルビュジエのロンシャン教会堂のように、それを眺める位置によって姿は変化するけれども、対象は単一の実体である、という立体的な構成に建築的表現のポイントをもっている。けれども大きく囲まれた塀のなかで庭と流れ合っている日本の室内空間は空間的かたまりとしての大きさや形をもっていないし、壁はまた、その建物を統一された立体として決定する「面」ではあり得ない。したがってこうした壁をもつ日本の建物においては、西欧的な単一の立体としての完全さや統一は決して意図されなかったし、またたとえ意図されたとしても、壁および塀に囲まれた生活空間のあり方を変えない限り成功するはずがなかったのである。日本の建築物の非立体的なあり方は、塀に限定された生活空間のなかの建物の配置によく示されている。

たとえば藤原時代の東三条殿や雁行形の平面をもつ桂離宮や多くの書院造りの実例に見られるように、そこには、多くの場合南に向って拓かれた庭に面する、比較的規則正しい平面と立面をもった表側と、山や林や塀がすぐ近くに迫って広い視野をもたない不規則な裏側とが明らかに区別されている。しかも表側と裏側における表現や統一は全く違った性質のものであって、違った面から捉えられたひとつの実体というまとめ方ではない。事実それらの建物は単一の立体ではなく、限定されない諸空間のつながりであり、拡がりとしての実体性のないこれらの室内空間は、塀に囲まれた生活空間、すなわち敷地の各部分で、それぞれ独自の、まとまりのある光景を構成しながら、庭と流れ合っている。

このような建築創造においては、閉鎖的な屋根面と壁面による立体的な構成ということはもちろん問題にならない。では日本の生活空間において、建築の形としてこの表現はどんな性質のもので

桂離宮

ル・コルビュジエ／アーメダバッドの美術館

あったろうか。

　まず個々の建物自体は、屋根面とそれを支える架構の骨組的な――そのなかを空間が自由に動いている――非立体的な構成として捉えられている。そしてこのような建物、あるいはその組合せの個々の部分は、上に述べたように、その場その場で庭と流れ合いながら塀に限定された生活空間をつくっているのであるが、この数多くのパースペクティヴな光景に一貫してながれる秩序と統一、さらにそれに基づいた多様な変化と相関関係のなかに、その生活空間――その建物でなく――の建築的な全体像が、独自の美しさと豊かさをもって浮び上がってくる。

　開放的な壁をもった住いにおけるこの建築的表現の非立体的なあり方は、普通形の表現として考えられる立体的な構成と全く異質のものであるけれども、建築的表現における重要な可能性のひとつであり、とくに大きく庇をのばした屋根面と開放的な壁をもった建物においては、許された唯一の方向であると思う。

## 空間の構成＝動く空間と凝結した空間

前に述べたように、閉鎖的な壁はそれ自体が室内空間の側面の現れであるが、開放的な壁はその内部に一定の形をもつ空間のかたまりをつくることはできない。この意味から壁は建築の形としての表現の問題と同時に、室内空間の構成のためにも対照的な創造の場をつくりだしている。外部に向ってひとつの立体の「面」の主張をもつ閉鎖的な壁は同時に内部に向っても、室内空間の拡がりをはっきり限定する「面」である。したがってその空間は一定の形と大きさをもった拡がりである。けれども室内と屋外の空間を連続させることに意味をもっている開放的な壁は、もちろん室内空間を限定する安定した面となることができない。したがってその空間は、床と天井の安定した二面にはさまれた一定の形と大きさをもたない不明瞭な空間――丹下さんの言葉をかりれば無限定な空間――である。

けれどもこの拡がりの無限定性は、たとえば自然のままの森や林のなかに感じられる空間の不確かさと同じ性質のものではない。無限定な空間の拡がりは、その周辺にはっきりした限界面をもたない代りに、その拡がりの中心または基本的な骨格が何らかの方法で、空間のどこかに暗示されるように、構成されている。いいかえればその拡がりには、ある焦点への求心的な緊張感が、またある基本的な骨格に基づく緊張した空間の動きと方向性が、内在しているのである。

それは、几帳や屏風や円座や机のような調度で暗示されることもあるし、床の間、書院、袖壁、建具の扱い方、柱、床や天井の仕上げ、炉……のような造作で構成されることもあるし、また全体的な動線構成の庇下の広縁の扱い方や庭との結びつきからつくりだされることもある。たとえば、光浄院客殿の平面図をみると、約五間と七間の建物と庭をふくむ生活空間はまず最初に、車寄せと建物と庭との結びつきによって、その中心が上座の間におかれている求心的な拡がりとして計画されており、さらに上座の間のなかでは、二間の床の間と一間の書院に面する二坪の部分が空間の中心として扱われている。また広縁と一体となって庭を囲み、それを室内に連続させている中門は、

サンピエトロ寺院内陣（ローマ）

白水阿弥陀堂内陣および外陣（日本）

一方、その縁幅の違いと一本の独立した柱と天井の組み方の違いによって、広縁部分とは方向性の違う空間を創っている。

このような空間構成は、閉鎖的な壁で限定された室内のなかでは全く考えられない。限定された室内における空間の拡がりは、床と壁と天井とによって、一定の形と大きさをもったかたまりに「凝結」しているからであり、それ故にその空間は抽象的な意味で「動かしにくい」からである。この場合の空間構成の基調は、空間のなかの暗示的な中心や基本的な骨格にあるのではなく、はっきりした輪廓によって囲まれた立体的な空間の形と大きさにある。したがってこうした室内では、壁や天井や床の「面」のあり方が、その空間の実際的な効用性や装飾性や表現効果を決定する基本的要素なのであり、周囲の拡がりを支配する空間中心という印象は非常に稀薄である。そしてまた、たとえその室内に強い空間中心が存在する場合であっても、その中心性は、壁と天井の面の扱い方によって定められた空間全体の形から創りだされている。

たとえば、キリスト教寺院におけるアプスと仏寺の金堂（または仏殿）における内陣とはともに空間の強い中心であるけれども、そのあり方は全くちがっている。アプスは、身廊と側廊からなる寺院の中央空間の正面に、多くは半円形の平面をもつ、はっきりした空間的かたまりの突出部としてつくられているが、金堂の内陣は、金堂内部の他の空間と無限定に交りながら、ただ数本の柱と天蓋の本尊の光背によって、室内全体の中心となっている。一方では壁に限定された空間のかたまりが空間の構成の主体であり、他方では壁に限定されない空間における暗示的な中心の吸引力が主体である。

## おわりに

以上が壁の問題——すなわち人間がどのような内部空間＝外界の結びつきのうえに自分の住いをつくろうとしたか、という建築的な意図——をめぐって展開されてきた日本と西欧における対照的な建築創造のあり方である。いうまでもなく、現代の壁の問題としてわれわれがここに推論された伝統的な建築創造のあり方をそのまま受けつぐ必要は全くない。けれども重要なことは、それが日本の伝統であれ、西欧の伝統であれ、壁の問題が常に、形としての表現、空間の構成という問題に、はなれがたく結びついて考えられていたことである。

現代の建築は壁の問題に関して、過去の知らなかった多くの新しい技術的な発展をもっている。そして同時に建築の形としての表現の空間構成の問題は余りにも強く、シェルターをいかに支えるかというコンストラクションの問題に結びつきすぎている。われわれはまず、壁の問題をシェルターの問題から切りはなし、現代の生活におけるわれわれの室内空間＝外界の関係に対する意図に立ち戻って考えなければならない。そしてさらに、それを建築の形としての表現および空間の構成と結びつけることによって、われわれ自身の創造の場を見つけださねばならない。

# 第六章　近代建築における柱の変遷

建築における柱はひとつの「形」をもって存在しているが、そのなかには次のような三つの内容をつつみこんでいる。

第一に、与えられた荷重や外力や構造体の自重を安定した地盤に伝えていく構造的支えとしての存在。第二に、一定の空間と平面計画を暗示し、一定の空間機能を規定している柱群全体の配置形としての存在。第三に、内部空間や外観の視覚的表現を特性づける造形的要素としての存在である。したがって柱の形は、構造的な支えとしての合理性と柱群の全体の配置形の機能性とそしてまた造形的要素としての積極性、という三つの要素の総合から生れるといえるだろう。そしてこの三つの要素が、そのなかのどのひとつの要素も他のふたつを従属させ、また圧迫することなく、むしろそれぞれがお互いの合理性や機能性や造形性を高め合うような姿で総合されている時、その柱の形は本物なのである。

パルテノンのドリス式列柱もシャルトル大会堂の束柱も、また唐招提寺の列柱もこのような意味での本物としての迫力をもっている。こうした方向で、近代建築はどのような追求を行ってきたか、を考えてみよう。

一九世紀のすさまじい構造技術の発展——鋼構造と鋼筋コンクリート構造——はそれまでの組積造とはまったく異なる支え方を技術的に提示した。一八八九年のパリ博の機械館における鋼アーチのピン支点、また一九世紀末に成立した高層建築における鋼ラーメンの剛接支柱、二〇世紀初めペレー兄弟が創り出したコンクリート骨組の剛接支柱、それらは構造的な革新であったばかりでなく、大スパン空間や明るい多層空間としての機能性および単純で無駄のない新しい造形性をもあわせもっていた。

こうした新しい構造技術の成果は第一次大戦後のシュトルム・ウント・ドランクにおいて、さまざまな形で展開された。これを柱の造形という点から見るならばふたつのグループに分けられる。ひとつは、ル・コルビュジエの諸作品、グロピウスのファグス、ミースの高層建築や事務所建築計画案……などの系列である。それらは鋼や鋼筋コンクリートの規則正しい剛接骨組に基づいて、ピロティ、キャンティレバー、ガラス壁面……によって強烈な新しさを表現した。規則正しい剛接骨組が本体である以上、それらの作品における柱は真直ぐで単純で規格的である。他方、メンデルゾーンの帽子工場、バルトニンクの星の教会計画案、ペルツィヒのベルリンの大劇場……などの作品では、鋼筋コンクリートの可塑性にふさわしい自由な形態の支持方式が、力の流れに応じた合理性と新しい空間機能への適合性とをともなって展開された。

いわばこの時期の活発な建築的創造力は、一九世紀の技術的達成を、規則正しい剛接骨組から力の流れに応じる自由な構造系に至るまでの全幅で受けとめていたのである。けれども次の時期——一九二〇年代の後半から三〇年代にかけて——になると、幅の広い活発な建築創造は、もっと内向的な方向に変っていく。

それは、鋼と鋼筋コンクリートの剛接骨組と、それにとりつけられる軽いカーテン・ウォールだけが新しい建築に与えられた基本的構造形式となってしまったことに始まる。事実、規則正しい剛接骨組は材柱の規格化と工業生産という近代の条件と直接に結びつき、同時に空間のフレキシビリティや機能的な壁面計画や明るい開口部などの新しい空間構成とも適合していた。けれども一方においてこの模範的構造形式の普及は、建築家から、力の流れに応じて、矩形や直角に制約されない自由な構造体への追求の積極性を奪ってしまったことも事実である。こうしてこの時期の新しい建築における柱の形は、規則正しく配置された空間の普遍性をもってはいるが、無性格な弱い存在となりがちであった。

スイス学生会館のピロティ／ル・コルビュジエ

たとえば、一九二七年のシュッツットガルトの住宅展における当時の代表的な建築家たちの住宅作品のなかでの柱の処理を見れば、明らかであろう。

こうした状態における柱の強調は、テューゲントハット邸におけるミース、マイレアの住宅におけるアアルトオ、スイス学生会館におけるル・コルビュジエ……のような形で行われた。すなわち、ミースは鋼柱の鋭い金属的光沢を大理石やメノウの華やかな色彩、カーテンや敷物布地のやわらかな質感と対比させて新しい美し

IITの隅柱／ミース・ファン・デル・ローエ

さを創り出し、アアルトオは鋼筋コンクリート柱をあたたかい色で塗り、自然材料の縄で巻いて、人間的な室内空間を創り出そうとし、ル・コルビュジエは二本の巨大なコンクリートのピロティを曲線状の壁で一体化して、単純な冷たい矩形でない、彫刻的な表現力をもつ柱を創り出した。

これらの柱は近代建築の創り出した新しい表現としてそれぞれ注目すべき成果であった。とくに、ミースが拓いた鋼柱の新しい美しさは、後に鋼骨組とガラスという形に純粋化され拡張されて、工業生産に基づく近代文明が非人間的な機械によって生産される工業材料からゆたかな秩序を創り出すものとして、現代に至るまで重要な意味をもちつづける。

第二次大戦後のファンズワース邸やイリノイ工科大学校舎群からレイクショア・ドライヴのアパートおよびシーグラム・ビルに至る彼の追求は、ひとつの定型をあくまで保ちながらそれを内面的に純化し深化して最高度の完成に到達しようとする意味で、パルテノンになるまでのギリシャの神殿の系譜に比較することができるだろう。普通の鋼骨組とミースの作品の鋼柱との関係は、前六世紀頃の初期ドリス式神殿とパルテノンとの関係に似ているのである。

トウル橋／マイヤール

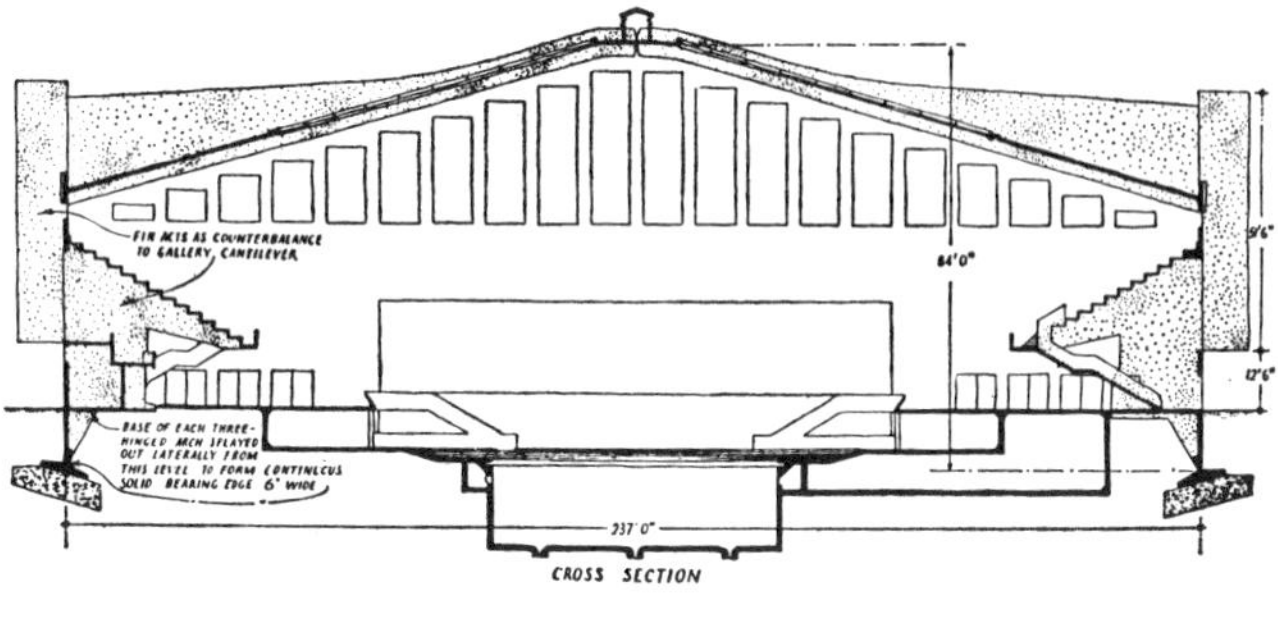


ウェンブレイのエムパイヤ・プール／オーエン・ウィリアムス

このようにして、規則正しい剛接骨組とカーテン・ウォールの組合せは、二〇年代における新しい建築の技術的基盤であったし、またミースの方向においてそれは現代建築の最も特性的な姿のひとつでもある。けれどもギリシャ建築に比せられるべき内面的な純化だけでは、現代の構造技術と空間機能の特性の全体に結びついた柱の形の多様な展開は不可能であった。そして事実、第二次大戦を境とした戦前と戦後の新しい建築の主要な差異は、それが規則正しい剛接骨組という制約から解放された点にあるといえるのである。

もちろん戦前にもその制約から自由に、構造体の力の流れに直接に結びついた支持体を追求した人々もあった。たとえばスイスの技術家マイヤールがそうである。鋼筋コンクリートの構造体は剛接骨組が本体だという常識が一般であった一九二〇年代に、彼は薄肉の面的なコンクリート橋梁を発展させ、さらに構造体の不静定性の不利を克服するために鋼筋コンクリート構造のなかに初めてピン支点を導入した。こうして有名なアルヴェ橋やトウル橋の特異な支持体の形が生れたのである。

またイギリスの建築家オーエン・ウィリアムスは一九三四年ウェンプレイのエムパイヤ・プールで、スパン七三メートルのコンクリートの三鉸アーチをつくった。この支柱は、観客席などをふくむ内部の空間機能の断面形に適合するために、三鉸アーチの力の自然な流れを自ら破りながら安定した緊張によってそれを支配している特異な形に整えられており、この支持体の形が建築全体の造形的な力強さと美しさを生み出している。

マイヤールやウィリアムスのような追求が早くからあったにせよ、それらは戦前における新しい建築の大勢には影響しなかった。規則正しい剛接骨組の制約から自由に、新しい技術と新しい機能

ヴィルゲン・ミラグローサ教会／キャンデラ

から直接に新しい形を創り出そうとする追求が一方におけるミースの典型とともに、建築界の中心的動向となったのは最近十数年のことであるといえるであろう。

アメリカの構造技術者サミュリーは一九五三年、次のように言っている。

「鉄とコンクリートが採用されて以来、単純な平面的構造が普及してきた。けれども最近、立体的な構造が漸次現われはじめた。われわれはいま大きな革新の時期にいるのだと思う。何百年から後、人々は現在を回顧するだろう——構造が平面から立体に移った時代として、また新しい建築の設立期として」と。

こうして立体トラスやスラブやシェル構造が、また、折版やHPシェルや吊り屋根が、はじめて新しい建築の発展のなかに広く深く根をおろしはじめた。そしてそれとともに、柱は同寸法で垂直に規則正しく立つものだという固定観念は消えはじめた。

かつて組積造アーチが導入される以前では、柱は直圧力を受けるだけだった（ギリシャの列柱）。組積アーチが導入されてから以後は、柱は推力を受けることになり、ローマとビザンチウムとそして最後にゴシック期の西欧は、推力に抵抗するための素晴らしい組積技術とそれに基づく素晴らしい建築を創造した。近代にはいって、鋼と鋼筋コンクリートの剛接骨組は、柱を曲げモーメントと直圧力を一様に分散して伝え、この規則正しい骨組はミースの追求が示すような建築を創り出した。そして現代の柱は、三次元的な推力を（たとえばネルヴィのトリノ展示ホールやキャンデラのヴィルゲン・ミラグローサ教会の支柱のように）、また有効に集中した曲げと直圧力を（たとえばポンティのピレリ・ビルやライトのプライス・タワーのように）、また三次元的な曲げと推力を（たとえばネルヴィのローマオリンピック室内競技場のドーム・シェルの支柱のように）……いわばその空間機能とそこに用いられた立体的構造の特性から決められた、ありとあらゆる複雑な応力を支え、地盤に伝達しなければならない。そしてそれに応じた形をもたねばならない。

それは複雑で困難な問題である。けれどもかつてロマネスク末期に北フランスの石匠長たちが、

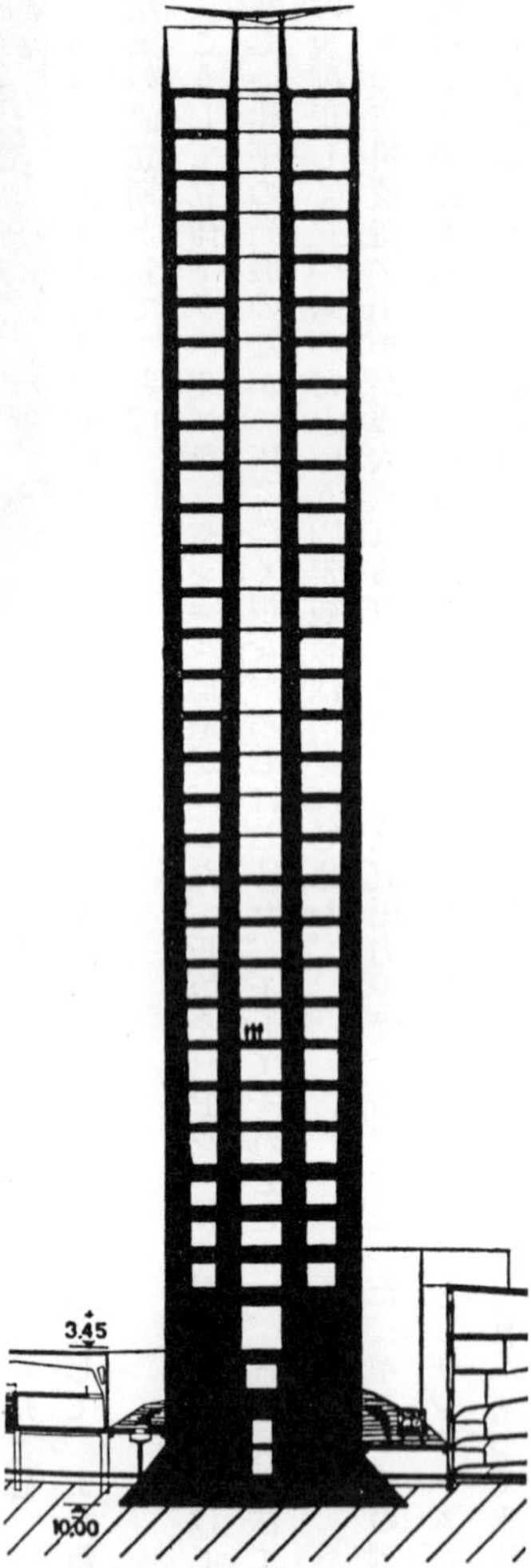

ピレリ・ビル／ネルヴィ，ポンティ

組積ヴォールト構造の行き詰りをフライング・バットレスの技術的考察で打破し、その技術的考案を純化し形象化してゴシック建築への道を拓いたように、現代の柱に課せられた重荷もまた、素晴らしい建築への第一歩なのであろう。

# [III] 素材と風土

# 第七章　金属発展の五段階

自然界に存在しているさまざまな物質のなかで、金属がもっている独自の有用性は、第一にその強さと硬さにあり、第二にさまざまな加工によって形を変えながら固有の強さと硬さを保つという性質（可塑性）にある。強さと硬さについては、ダイヤモンドにまさる金属はない。また可塑性については、粘土の方がはるかに自由で手軽である。けれどもこの両方をあわせもっている素材は金属以外にはない。

人間は、新石器時代末（紀元前四〇〇〇年頃）銅の精錬に成功して以来、金属のもつこの有用性——要約すればその強さと可塑性——を次々と開拓し、それを人間文明の不可欠な物質的基盤として役立ててきた。したがって、以来六〇〇〇年にわたる金属技術の歴史は、一面ではより強い金属の探求であり、他面ではよりよい可塑性（加工と成形法）の探求であったといえる。

より強い金属の探求は、純銅から青銅へ、さらに青銅から鉄、鉄から鋼へと展開されてきた。けれども金属の強さと硬さの質的向上は、よりよい可塑性の探求とはなれては考えられない。金属技術の展開を、それぞれの時期の人間生活と結びついた形で捉えるなら、それは、次の五段階に分けられるだろう。

第一は hammering copper（銅を鍛造する）から casting bronze（青銅を鋳造する）への発展であり、これは紀元前三〇〇〇年頃メソポタミアとエジプトに進行したとされている。第二は casting bronze から wrought iron（鍛鉄）への発展であり、これは紀元前一〇〇〇年頃小アジア地方に始まりギリシャ・ローマの古代世界、さらに中世西欧に普及した。第三は、wrought iron にかわる cast iron（鋳鉄）の出現であり、西欧では一五世紀頃から始まり、一九世紀後半までつづいた。第四は、cast iron から rolled steel（圧延鋼）への発展であり、一九世紀末からの全近代社会に普及した、そして第五は、これから始まるであろうと考えられる rolled steel から cast steel（鋳鋼）あるいはより改良された cast iron への新しい展開である。

もちろんそれぞれの技術的変革において、前者がまったく消滅するわけではない。けれども各時期における新しい人間生活の建設のなかで、それ以前の技術的蓄積を包含した新しい金属技術が主導的役割を演じてきたことは明らかである。

この五段階の発展において、第一と第三の段階では共通して casting という可塑性の追求が主導的役割を果していることを、また第二と第四の段階では共通して、より強い材質への追求が主流となっていることを、読者は気づかれたであろうか。いわばこの五段階の発展は、より秀れた材質の追求とより秀れた可塑性の追求が交互に現われるという形をとっており、また言い方をかえれば、何らかの加工法をともなった新しい材質が獲得された後には、必ずその金属を cast する可能性が——機能的また力学的必要に最も精密に適応する形をつくる可能性が——とりあげられ追求されるという形で進行してきたのである。

この図式に従うなら、現代は、一九世紀後半に確立された製鋼技術が大量生産する鋼を、圧延というひとつの加工技術に制約されることなしに、いかに自由に成形できるかという問題に直面している時期だといえよう。

## hammering copper から casting bronze へ

砂金として自然界に存在する金を除けば、銅を含んださまざまな鉱石は、新石器時代末の人々にとって、最も手に入りやすい状態で、最も豊富に地表面ちかくに分布していた。また銅は、鉱石から分離しやすく、展延性に富み槌打ちで板状にしやすい金属である。これらの理由からだけでも、実用性と結びついた人間の金属技術が hammering copper から始まったとする推測はうなずけることである。原始的な鍛造——すなわち槌打ちと焼戻しによる成形法——によって銅器をつくる技術は、紀元前四〇〇〇〜三〇〇〇年頃に、イラン、メソポタミア、エジプトで進行しはじめたとされている。

青銅器時代に先立って、銅器時代が一定期間つづいていたかどうかについては、多くの推論がなされており、定説はない。けれども、たとえ最初から純銅と青銅（五〜一五パーセントの錫を含む銅の合金）が無意識に混用されていたとしても、紀元前三〇〇〇年頃に青銅が実用金属の主材料となった時——すなわち人間が銅・錫合金の有用性を意識した時——それは、casting という成形法を前提としていたのである。青銅は、銅に比べてはるかに強く硬いが展延性はなく、鍛造には適しない。したがって人間が金属に手をつけた最初の一〇〇〇年間の技術的展開は、hammering copper から casting bronze への発展ということができよう。

金属という得体の知れない物質のなかに、土や木や石にはない有用性を感じはじめた人間は、よ

ウル付近アル・ウバイドの神殿入口の楣を飾った大浮彫額

り硬い金属を、より可塑的な成形法を、求めつづけた。そしてメソポタミアではシュメール人の都市国家がつくられ、ナイル河流域にはその全域にわたる最初の統一国家がつくられた頃(紀元前三〇〇〇年)、casting bronze は自然に働きかける人間の手に、新しい有力な手段を与えたのである。

青銅の溶融点は九〇〇～七〇〇度Cで、純銅よりはるかにひくく、原始的な炉でもたやすく溶かすことができた。最初は、粘土や石に彫った浅い開放鋳型で、小形で平らな道具(やじりや小刀)がつくられた。次に両面に必要な型を刻みこんだ一対の粘土や石をあわせてその間に溶融青銅を流しこむ閉鎖鋳型が用いられ、望みどおりのいっそう複雑な形の青銅器がつくられた。さらに閉鎖鋳型の内部に中子を固定して、より軽量で中空の青銅器をつくる鋳造法、また造りたい物の形を蝋でつくり、それを鋳型として砂または粘土でメス型を造り、蠟型を溶かして流し出したのち、そのなかに青銅を流しこんで鋳造する封蠟法など、現在でも用いられている精巧な技術が発展した。

こうした鋳造技術の展開のなかで、溶融性に劣る純銅はまったく用いられなくなり、用途に応じて錫の含有量をさまざまに変化させることが追求され、そして青銅器の機能的有用性は高まっていった。

たとえば初期の青銅斧は、磨製石斧の形にならった鈍重な形をしていたが、次第に薄く鋭く、また木の柄にさしこみやすい機能的な形に発展した。また初期の小刀や剣は、平らな三角形断面の刀身を木の柄に鋲でとめた幼稚なものであったが、やがて刀身は、必要な補強リブや機能的曲線をもって薄く鋭くなり、柄も刀身と一体として鋳造されるようになった。

青銅の斧をつくる石製の鋳型
(紀元前2000年, エジプト)

紀元前三〇〇〇年から一〇〇〇年頃まで、メソポタミアやエジプトやエーゲ海に栄えた文明の基盤には、このような casting bronze という技術に基づいたさまざまな道具(武器、農具、工具、日用品)の機能の飛躍的向上があったのである。

古代青銅の用途と成分組成

| 用途　時代 | 成分組成% | | | | |
|---|---|---|---|---|---|
| | Cu | Sn | Pb | Fe | その他 |
| 刀剣類 | | | | | |
| 有史以前の斧 | 87.25 | 13.08 | | tr | |
| 有史以前の剣 | 83.50 | 5.15 | 3.0 | 3.0 | |
| エジプトの小刀 | 97.1 | 0.24 | | 0.4 | |
| エジプトの短剣 | 85.0 | 14.0 | | 1.0 | |
| エジプトの矢尻 | 76.60 | 22.20 | | | |
| エジプトののみ | 94.00 | 5.90 | 0.10 | | |
| 器物 | | | | | |
| ギリシャの皿 | 80.80 | 18.40 | 0.40 | 0.20 | Ni 0.04 |
| 西周の杯 | 74.55 | 12.81 | 12.64 | | |
| 秦の皿 | 56.61 | 2.05 | 40.89 | | Sb 0.37<br>Zn 0.13 |
| 日本の壺 | 81.74 | 3.27 | 11.05 | | Zn 3.27 |
| 貨幣 | | | | | |
| アテネの銅貨 | 88.9 | 9.2 | 1.7 | 0.20 | |
| ローマの銅貨 | 69.7 | 7.2 | 21.8 | 0.47 | |
| 唐の銅貨 | 66.8 | 13.1 | 21.1 | | |
| 奈良朝の和銅開珎 | 90.28 | 3.20 | 0.28 | 5.60 | As 0.03<br>Ag 0.08 |
| 江戸の寛永通宝 | 83.20 | 7.54 | 5.38 | 0.81 | Sb 0.154<br>As 0.008 |
| 鋳像 | | | | | |
| ギリシャの太陽神 | 78.3 | 10.8 | 10.2 | 0.14 | |
| ローマのアポロ像 | 86.7 | 6.4 | 10.0 | tr | |
| 六朝の仏像 | 84.0 | 9.93 | | 1.38 | Sb 2.6<br>As 1.68 |
| 奈良時代の東大寺大仏腹部 | 94.76 | 1.40 | 0.96 | 0.28 | Au 0.32<br>Ag 0.16 |
| 奈良時代の東大寺大仏首部 | 89.72 | 4.82 | 1.61 | 0.31 | Ag 0.12 |

この西アジアの発展の影響によってか、または独自の開発によってかは分らないが、少なくとも紀元前一五〇〇年までさかのぼる中国の殷王朝が、すでに成熟した青銅器文明をもっていたことはよく知られている。おそらく殷に先立つ夏王朝（紀元前二〇〇〇〜一五〇〇年頃）の時代に、西アジアと同様の技術的発展が進行したのであろう。発掘された殷時代の青銅武器は、西アジアのそれと同じ形式に達しているし、精巧な祭祀用器は、中国独自の表現をもつと同時に西アジアと同程度の高い鋳造技術を示している。

その例証としてよくあげられるのが「周礼考工記」にのっている「金の六斉《せい》」である。これは、青銅器の用途に応じた硬さを得るための錫の含有量の規準を示したもので、内容は次のとおりである。

鐘鼎《しょうてい》の斉（かね寺の鳴り物）……………………銅六　錫一

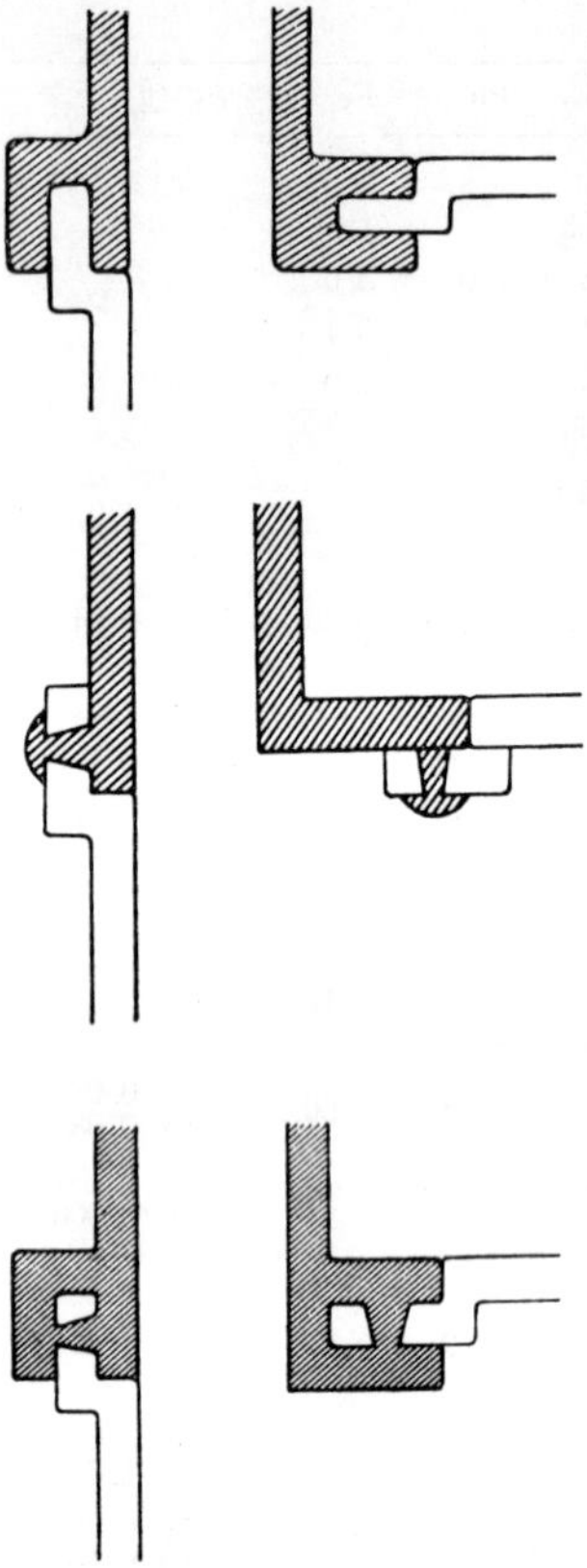

巨大鋳像の接合にわが国独自の展開をみせた，いがらくり法
（▨は，後から接合する部分）

| | | |
|---|---|---|
| 斧斤《ふきん》の斉（おの） | 銅五 | 錫一 |
| 戈戟《かげき》の斉（ほこ） | 〃四 | 〃一 |
| 大刃《たいじん》の斉（つるぎ） | 〃三 | 〃一 |
| 削殺矢《さくさつし》の斉（やじり） | 〃三 | 〃一 |
| 鑒燧《かんすい》の斉（かがみ、ひうち金） | 〃一 | 〃一 |

用途目的に応じたこれらの規準は、現代の合金学の知識から見て、ほぼ当を得たものだそうである。

中国に展開された casting bronze の技術と青銅器の有用性また美しさは、弥生時代の日本（紀元前二〇〇年以後）に移入された。この時期に主として瀬戸内海以東に分布して出土する銅鐸、九州を中心に出土する銅剣、またややおくれて各地に現われる銅鏡などは、日本がこの時期に青銅器文明にはいりはじめたことを語っている。そしてそれ以後中国の技術導入を受けながら、奈良時代の多くの梵鐘やムクの仏像、また奈良の大仏が示すように、高度の鋳造技術を展開していくことになった。

## casting bronze から wrought iron へ

紀元前一〇〇〇年から五〇〇年にいたる時期——いいかえればドリス人がギリシャ半島を南下しはじめた頃からペリクレスに率いられたギリシャ人がペルシャ戦争に勝ってその全盛期にいたる時期に——人間の金属技術の焦点は、青銅から鉄に移った。鋭さと強さを必要とする武器と工具と農

グァダグニ邸の鋳鉄製角燈　フィレンツェ (15世紀)

具から青銅は姿を消し、日用品のなかにも鉄製品が次第に増加していった。この変化はなぜおこったのか。

天然資源としての砂鉄や鉄鉱石は、むしろ銅や錫よりも豊富であった。けれども鉄は、銅や錫のように薪の燃焼と簡単な送風による原始的な炉の温度（一〇〇〇度C）では、飴状になるだけでどろどろに溶融しない。しかも鉄は、炭素含有量によって物理的性質が著しく変化する。すなわち炭素含有量の少ない（〇・一五パーセント以下の）ものは比較的軟らかく展延性に富むが、炭素含有量の多い（一・七パーセント以上の）ものは非常に硬くまた展延性がない。その中間（〇・一五〜一・七パーセント）の鉄は、現在われわれが鋼と呼んでいるもので、適当な展延性と硬さと強さをあわせ持つことができる。

溶融点の高さと性質の複雑さ（均質な物を造りにくい）とが鉄の技術の発展を妨げていたのである。すなわち原始的な炉で鉄鉱石から飴状の鉄を分離しても、その鉱塊の炭素含有量はさまざまであり、ある部分は軟らかく鍛造できるが、他の部分は硬く脆くて鍛造できない。無理に鍛造しても、造られた物は、不均質で青銅以上の強さと可塑性をもてなかったのである。

無数の試行錯誤を経て、鉄の強さと可塑性を生かす技術が徐々に進みはじめた。鉱石と木炭を交互に積み重ね、粘土で囲み、ふいごで送風しながら精錬する炉（ブルーム炉またレン炉といわれ、日本のタタラ炉も同じ）が造り出す飴状の鉱塊を破砕して、その破面から炭素含有量を推定し、鍛造に適さないもの（現在の銑鉄また鋳鉄、日本の刀鍛冶はズクと呼んだ）と適するものは区別されるようになった。そして槌打ちと焼戻しを繰り返すことによって脱炭し、ほとんど炭素を含まない鍛造しやすい軟らかい鉄をつくる技術、また加熱と槌打ちと急激な冷却（焼入れ）によって炭化しながら形成し、強く鋭い鋼をつくる技術、が育っていった。いいかえれば人間は、鉄の炭素含有量を用途に応じて自由に変化させ、それを均質の望ましい形に鍛造する技術を手に入れた。

鉄の鍛造技術は、紀元前一四〇〇年頃に小アジア地方から始まったとされているが、それは、紀元前一〇〇〇年頃までにエジプトを含む古代近東の世界に、また紀元前五〇〇年頃までには地中海文明全体に普及した。強靱さと鋭利さを何よりも必要とする武器から青銅は完全に姿を消した。そして器具と工具——現在われわれが用いている金工、木工、石工の道具の大半は、帝政ローマ時代にすでに出揃っていた——も鍛鉄製品となった。また扉の蝶番や錠前、建築構造の補助金物、ナイフやはさみなどの日用品も鍛鉄でつくられるようになった。

鍛造された鉄器は、その可塑的可能性においては casting bronze に劣っていたが、その材質の強靱さと鋭利さという点で、また資源の豊かさによる普及性という点で、人間の生産機能の画期的向上を意味した。

中国においても鉄器文明は少なくとも春秋末（紀元前五〇〇年頃）までさかのぼることができる。その時期の農具が中国の各地から発掘されており、それは鉄器の普及、農業生産性の向上、商工業の発展など、次の戦国時代における社会構造の大変革の基盤となった。とくに中国において、鉄の鍛造だけでなく鋳造技術がこの時期にすでに発展していたことは注目に値する。

**wrought iron と cast iron**

16世紀の鋳鉄品暖炉付属品

分銅

春秋末の中国の農具の多くが cast iron であることは強靱さと鋭利さを何よりも必要とする武器や刃物を除けば、casting という技術が——望みどおりの形を精密に造ることができるという可能性とともに——大量生産に適しているということを示している。したがって、鉄の鍛造技術がこの素材の有用性を高めるにつれて、鉄への社会的需要が高まり、それにつれて、より強靱でより鋭利な鉄器をつくる鍛造技術とともに、広い社会需要に応ずることのできる鉄器を鋳造する技術が求められるのは当然であろう。

中世西欧では、古代ローマから引きつづいて鋭利な武器や工具や農具を鍛造する技術が成長するわが国でも鉄の利用技術の普及にともないメタルは，一般庶民の有能な生活器具として，さまざまな展開をみせはじめる。木や土でつくられる民具と同じように，メタルの民具も，堅実で，血のかよった道具としてつくられ，生活の中で育てられる。

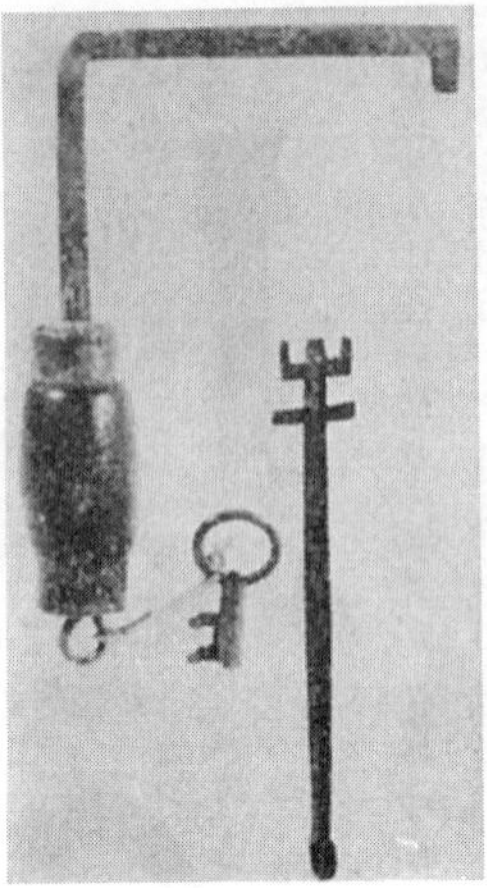

かぎ（江戸時代）

提行灯

と同時に、ブルーム炉から提供される飴状の鉄塊を、大形の機械槌によって加工しやすい形状にして、それぞれの鍛冶場に供給する方式が確立された。とくに鉄板の供給量の増大は重要であった。

鉄板は、それを打出してさまざまな曲面を造ることもできるし、それを切って線状の部品や針金を造ることもできる。このために、中世西欧における鉄器は、武器、工具、農具に限らず、鍋や釜や罐や湯沸しや暖炉用具、また蝶番や錠や扉飾りや窓格子や仕切り用の棚など、あらゆる日用の生活に浸透していったのである。

けれどもブルーム炉式の精錬炉による鉄塊の供給には限界があった。この限界を打破するためには、精錬炉の温度を、鉄鉱石に含まれた鉄がどろどろに溶けるまで高め、大量の鉄塊を一度に溶融する技術が必要だった。炭素をほとんど含まない鉄の溶融点は約一四〇〇度Cだが、炭素含有量一・七パーセント以上になると溶融点は約一二〇〇度Cに下がる。いいかえれば炉内で鉄を炭化させながら、しかも一二〇〇度Cの高温を出すことのできる精錬炉が必要だった。

この問題は、一五世紀頃、背の高い炉を築き大量の鉱石を木炭とともに上から挿入し、下から強力に送風し、炉自体を煙突として燃焼させる高炉（現在の高炉と同じ）の発明、によって解決された。高炉内の木炭の燃焼とともに鉱石から還元された鉄は、木炭との接触によって燃えながら炭化されつづけ、炭素吸収量が一・七パーセントを超え炉内温度が一二〇〇度Cになると完全に溶け始める。こうして炭素含有量一・七〜五パーセントの鉄（銑鉄また鋳鉄と呼ばれる）が量産されるようになった。

一五〜一六世紀における高炉の普及によって、鉄鉱石が製品になるまでの過程はふたつに分れた。第一に、高炉で生産された銑鉄を鋳物場に運んで、鋳鉄製品をつくる過程、第二に、高炉で生産された銑鉄を何らかの方法で脱炭して鍛冶場に運び、鍛鉄製品をつくるか、または槌打ちと焼入れを繰り返して鋼製品をつくる過程である。ひとたび鉄の鋳造技術が確立されたからには、第一の過程の方がはるかに量産力と普及力を持つことは明らかである。一五〜一六世紀に成立した鋳鉄の技術は、初めは壁付暖炉板や鋳造砲の分野で casting bronze のなし得なかった成果をあげたのち、日用品の大半の分野で鍛鉄製品を圧倒した。けれどもとくに重要なことは、それが、一八〜一九世紀の産業革命において不可欠な役割を演じたことである。すなわちその自由な可塑性と、やや脆くはあるが相当の強度と充分な硬さと耐蝕性とによって、紡績機械やさまざまな工作機械や蒸気機関の部品として、また橋梁や建築の構造部材として、鋳鉄は不可欠な新素材であった。鋳鉄の可塑性と量産性なしに、産業革命は進行できなかったのである。

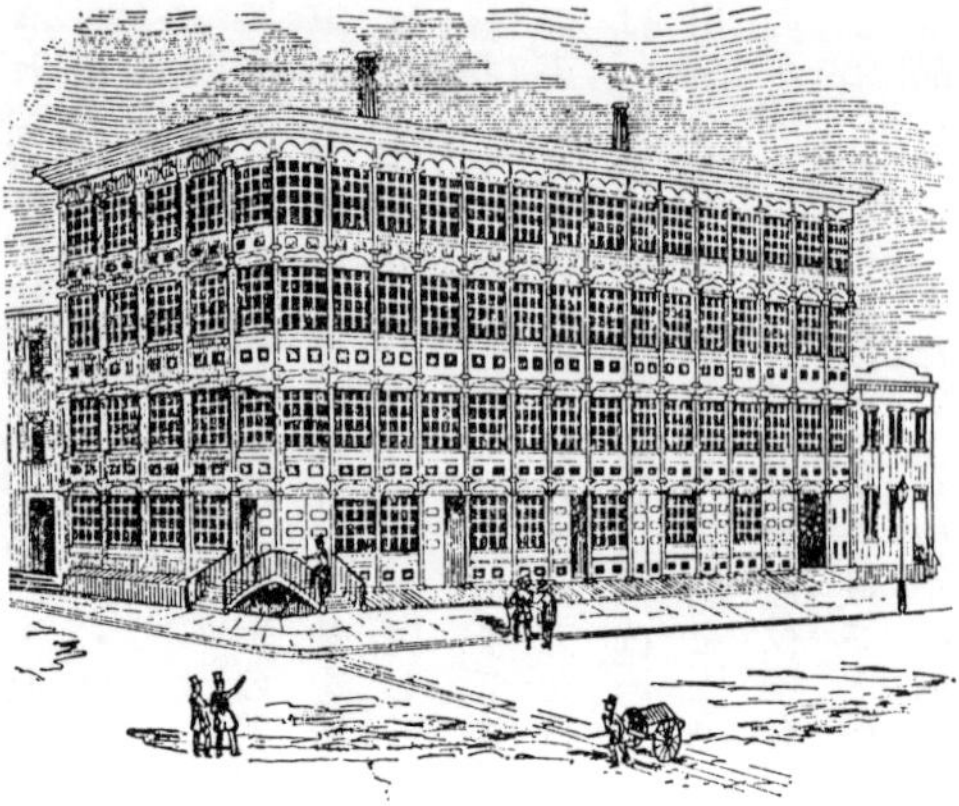

J.ボガーダス（米）鋳鉄工場／ニューヨーク（1850年）

## cast iron から rolled steel へ

ギーディオンやヒッチコックのような近代建築史家たちは、一九世紀の半ばをcast iron ageの最盛期としている。一八世紀から主として耐火性を考慮した工場や倉庫建築に、鋳鉄の柱と梁が用いられはじめ、鋳鉄骨組をむき出しにしたガラス張りの商店建築が一八五〇年代の都会の中心にさかんに現われはじめたからである。それは、木と石と煉瓦を主構造材料として建てられてきた建築の歴史にとって画期的な変化であった。当時の建築家の大半は、構造技術発展の担い手としての能力をもっておらず、新しい鋳鉄骨組を進めたのは、工作機械や製鉄技術の専門技術者たちであった。したがってこの時期の鋳鉄を主体とした工場や商店建築の、またロンドンの水晶宮やニューヨークのボガーダスの建てた建築の全体形やディテールの着想には、次々に考案される当時の機械技術と共通する、鋳鉄の可塑的可能性をフルに発揮させようとする技術的独創性が感じられる。

けれども構造部材としての鋳鉄は、常にそれが期待されている役割の大きさに比べて脆くて曲げに弱いという問題をかかえていた。それゆえ鋳鉄骨組の発展と平行して、一九世紀前半には、手工業的な鍛鉄部材も時々用いられていたし、さらに圧延技術の発展とともに、一八五〇年代には錬鉄製の圧延部材（I型・L型・C型）も用いられていた。しかし一九世紀半ばの技術者から、とくに大スパン橋梁用として期待されていた圧延錬鉄部材は、潜在する広い社会需要に応ずる量産性を持たなかった。高炉で生産された銑鉄を錬鉄にするための精錬（パドル炉）は、炉内で炭素含有量の低い（いいかえれば溶融点の高い）錬鉄を半溶融状態に保つためのパドリング（かきまわす）という人間労働に依存しなければならなかったからである。

ギマール（仏）パリ地下鉄の部分
1900年〈キャストアイアンによる想像力のエッセイ〉と評されるように，ギマールも他のアールヌーヴォーの作家と同様，鋳造技術を好んで利用した。

エッフェル塔

一方では、ぜんまいや刃物や銃砲身や金属切削工具のように、硬く強く粘りのあるさまざまな鋼合金の研究と生産がつづけられていたが、鋼合金の生産は坩堝鋳鋼法のように手工業的に行われていた。

鋳鉄の有用性と量産性が進めてきた産業革命内部に、加速度的に高まった鉄に対する広汎で高度の社会需要に対して、何らかの形での材料革命が必要だったのである。一八五〇年代から六〇年代におけるベッセマー転炉の発明とシーメンス・マルチンによる平炉の発明がそれに応えた。転炉と平炉は、銑鉄を溶鋼に変え、炭素含有量の違ったさまざまな性質の鋼塊を量産する道を拓いた。

土木・建築・造船・軍事など強靱な構造部材を必要とする分野の要求に対応して、鋼の量産技術と圧延技術とが結合した。イギリスの鉄鋼産業のあり方は、一八八〇年代に、鋳鉄とパドル錬鉄を中心にしたものから、溶鋼と圧延を中心にしたものに変化した。そして二〇世紀初めには、高炉と製鋼炉(転炉と平炉)と圧延工場とを軸とした近代的製鉄所の形態が、すべての工業国家に確立されたのである。

## rolled steel から cast steel への可能性

われわれは、それ以後の近代社会の発展において圧延鋼材の果してきた目覚ましい働きを知っている。それは、一九世紀の人々がまったく知らなかった高性能の構造物——高層建築や巨大な橋梁や船舶、また高い応力を受ける飛行機や自動車やロケットやボイラーやその他無数のもの——を可能とする物質的基盤となり、その意味では現代の人間環境を支える物質的基盤となってきた。

ワックスマン（独→米）／組立式格納庫計画（1953年）

けれども同時に、圧延鋼約一〇〇年の歴史は、一方において鉄に対するより高い構造機能への潜在的な社会需要を醸成し、他方製鋼技術の内部に、それに応じうる新しい発展の可能性を育ててきたと思われる。

鋳鉄は、複雑な形態的要求に簡単に対応できる技術として、鍛鉄を圧倒し、構造技術としては組積造を消滅させた。そしてその強度の不足と脆い性質から圧延鋼に圧倒された。けれどもこの敗戦は、主として構造部材という分野においてであった。建築・土木・造船・飛行機・車輛などの生産は、鋼需要の大半を占める分野であり、近代的製鉄所は、その分野にふさわしい圧延鋼生産を軸として編成されてきた。

けれども一九世紀以来、精密機械や内燃機関などの不可欠な部品（それは自由な可塑性を何よりも必要とする）を対象として、鋳鉄と鋳鋼が使用されつづけてきたこと、またそこにおける casting の技術や組成の研究が鋳鉄や鋳鋼の強度と粘りとをほとんど圧延鋼に匹敵するまで向上してきたことを、われわれは知っている。実験室的に言えば、一九世紀後半における圧延鋼の全面的な勝利を裏づけていた理由は、現在ほとんど消滅していると言える。

一方、建築構造の分野に限って見ても、高層化、大スパン化、量産性、施工の合理化など、新しい高度の社会需要がみなぎっている。そして現在のわれわれは、それを、圧延鋼という世界のなかに限って考えようとしやすい立場におかれている。

この五〇〇〇年間、青銅鍛冶の情景は、刀鍛冶の情景にかわり、それは鋳物工場にかわり、そして現代の高炉と製鋼炉と圧延工場からなる製鉄所の情景にかわった。現代の製鉄所の情景もまた変ってゆくだろう。そしてその変化の過程で、cast steel が重要な役割を演ずるだろう。

# 第八章　建築と銅について

## 一　人間が銅をとりあげた頃

### 第二革命の意味

考古学者や人類学者は、人間の歴史を数千年の拡がりで捉える普通の歴史学者よりももっと長い眼で物を見る。たとえばイギリスの考古学者ゴードン・チャイルドの『文明の起源』*によれば、人間の生活を大きく発展させた第一の革命は、新石器革命——数十万年にわたる石器の進歩によって、採集と捕食から農耕と牧畜に移り、自分の食料供給を支配できるようになった紀元前六〇〇〇〜四〇〇〇年の時期——であり、第二の革命は、青銅器の使用と都市の成立に特徴づけられる紀元前四〇〇〇〜二〇〇〇年の時期であり、第三の革命は一七世紀から現在までを含む産業革命である。

このような巨視的な見方には、教えられるところが多い。第一の革命の結果は、その時期における急速な人口増加という事実で立証される。すなわち、ヨーロッパで発見された新石器時代に属する人骨の数は、それ以前の旧中石器時代の人骨の数百倍に達しており、しかも新石器時代はそれ以前の時代の百分の一にみたない期間である。また第二革命の進行において、人類は、人力以外の動力（牛や風）を利用する方法、車や帆船による運搬手段、冶金術と、それにともなう物理化学的知識、太陽暦とそれにともなう数学や天文学、思考や伝達のための文字……を発明し、新しい文明の基盤をつくった。近代科学と近代工業が出発するまで、人間の知識がこれほど急速に高まった時期



＊　岩波新書，ねず・まさし訳

はない。第三の産業革命については、いまさらいうまでもないが、その人類史的意義は、たとえば一九一〇以前の全人類が——約六〇〇〇年にわたって——精錬した金属と、それ以後の五〇年間に生産された金属がほぼ同量であるという事実、また、数十万年にわたる人類史上生存した全人類の四分の一にあたる人口が現在生存しているという事実によって明らかであろう。もちろん、このような人類史上における革命を語ることが私の目的ではない。この巨視的な眺望の第二革命のなかで、重要な役割を演じている銅という金属と、人間との最初の結びつきをとりあげてみたいのである。

**都市文明の成立**

新石器時代の人々は、農耕と牧畜に基づいて小規模な自給自足の村落共同体を形づくっていたが、その安住地は、河や湖に近い半乾燥地に限られていた。農耕に水は不可欠であったが、同時に彼らは、最も肥沃なデルタ低湿地帯を開墾灌漑する技術や組織力をもってはいなかったからである。けれども、安定した食料生産にともなって人口が増加するにつれ、彼らは次第に、肥沃な低湿地帯のジャングルを伐採し、絶えず氾濫する河川を整備して、永続的な給水に恵まれた肥沃な土地に進出する必要に迫られてきた。

紀元前四〇〇〇年頃、ナイル河流域、チグリスとユーフラチスを中心とするメソポタミア平原、多くの支流をともなうインダス河流域、また中国の黄河流域には、このような動きをもった新石器社会の村落が急速に増えており、肥沃な低湿地帯の開墾の必要と、それを可能とする技術および労働組織力の向上とは、相互に原因となり結果となりながら刺激し合って進行した。そして紀元前三〇〇〇〜二〇〇〇年頃には、四つの中心地に農業生産性の画期的な高まりを背景とした都市文明と国家組織が成立する。

こうして、メソポタミアにおいては、ウル遺跡に見られるような都市文明が展開され、エジプトでは、スネフル王やクフ王やカフラ王によるピラミッド建設時代が始まり、インダス河流域ではモヘンジョ・ダロやハラッパーのような都市が建設され、また、ややおくれて黄河流域にもロンシャン(竜山)文化や殷の文化が進行したのである。

人間が初めて、ある種の岩石のなかから、石とは違った性質をもった物質が得られるということ——採鉱と精錬の技術——を知ったのは、このような第二革命の進行においてであり、その技術は都市文明をささえる基盤のひとつとなると同時に、その新しい文明に独特の表情を、新石器社会にはまったく見られなかった表情を与えることになった。金属の精錬は、紀元前四〇〇〇年頃に始まると推定されている。

### 新しい思考と有用性

金属を精錬するということは、それまで粘土でさまざまな土器や煉瓦を焼き、石を砕き磨いて精巧な道具をつくり、また木材で家や船をつくっていた人間にとって、まったく新しい経験であり、知識であった。新石器社会の人間は、自然にわずかに存在している金や銀や銅の塊を発見したかも知れないし、またかまどや炉ばたに偶然あった鉱石が熱せられて金属を遊離することからそれを見出したのかも知れない。どちらにせよ、得られた金属塊が加熱によって軟らかくなり、ついにはどろどろの溶融状態になってしまうこと、加熱と槌打ちによって薄い板にも細く鋭い棒にも、どんな形にでも成形でき、しかもその強靱さを失わないこと、また、粘土や石の鋳型に必要な形を刻み、そのなかに溶融金属を流しこむことによって必要な物がつくられること……などの経験は、それまでの人間の素朴な物質感を根底からひっくりかえしたに相違ない。それは、自然に存在している物質を、削ったり、かためたり、積みあげたりする技術ではなく、物質の組成を、その視覚的なありかたを、まったく変化させる技術であった。同一物質が呈するさまざまな物理化学的変化の様相は、初めには魔術的に見られていたに違いない。けれども原鉱石に関する知識や、鍛造と鋳造に関する専門技能が経験的に蓄積されるにつれて、新しい物質の物理化学的変化を巧みに利用する方法が、次第に開発されていった。それは、後の錬金術を通して近代の科学につながる人間の物理化学的思考の第一歩であった。

金属は、冶金術という新しい技術的思考の端緒となると同時に、木や石や粘土にはない有用性を人間に与えた。自然材料に比べての金属の特性は、それが可塑性(自由な成形性)と強靱さとを合わせもっていることにある。強靱さからいえば、ダイヤモンドのように金属よりはるかに硬い物質があるし、耐久性についても、岩石や陶磁器は金属よりすぐれている。けれども、これらの素材は脆くまた可塑性がない。また一方、自然には粘土や木のように、可塑性や成形性に富んだ素材があるが、それらは充分な強靱さや温度変化に対する抵抗力がない。

この両方をそなえた素材としての金属は、人間の生活のなかに今まで存在していなかった新しい有用性と新しい形態とを展開することができたのである。こうして第二革命の進行とともに、展延性に富み溶融点の低い——要するに鍛造や鋳造に適した——金・銀・銅・錫・鉛・アンチモンの鉱石が原始的な炉で精錬され、人間の歴史に登場することになった。

## 銅と青銅の際立った地位

後に鉄器が普及するまで、人間と金属の結びつきはこの六種の金属を通じて行われた。それらは、展延性に富むこと、溶融点が薪の燃焼と簡単な送風で得られる一〇〇〇度C以下であることの点で、共通している。金と銀は、稀少価値と美しさとで際立っていた。けれども、銅は別の意味で古代金属の中核的存在だった。銅を含む黄銅鉱・硫銅鉱・孔雀石などは、金や銀に比べてはるかに発見しやすく量も多かった。引張強度は六種のうち最大である。これに共通した条件——展延性と低い溶融点と耐久性——を付加すれば、非鉄金属における銅の際立った実用性は明らかだが、さらに銅には、その化学的活性から生れる広い合金としての可能性があった。

後の一〜三世紀にエジプトで始まった錬金術においても、さまざまな合金の出発点の多くは銅であった。現在でも、銅、亜鉛系合金の黄銅（真鍮）、銅。錫系の青銅・銅。金系の赤銅・銅。ニッケル系の洋銀・銅。アルミ系のアルミ青銅など、多くの銅合金が、その目的に適した多様な肌色や光沢や硬さや強度や展延性に従って、幅広く用いられている。

紀元前三〇〇〇年頃に始まる青銅器時代に先立って、銅器時代があったかどうかについては、さまざまな議論がある。けれども、銅の化学的活性が偶然にさまざまな合金を生み出す可能性の大きさを考え、また銅と錫の合金である青銅の有用性を考えると、銅器時代があったとしてもきわめて短期間であり、おそらくは金属精錬のきわめて初期から銅器と青銅器は平行して存在し、やがて後者の有用性が前者を圧倒した、と考えるのが適当であろう。青銅は錫の含有率によって相当幅があるが、銅に比べてはるかに硬く、曲げと引張りについても純銅の約二倍の抵抗力をもっている。しかも鋳造に対しては優れた特性を示し――溶融点は九〇〇～七〇〇度C――中子をもつ閉鎖鋳型や封蠟法による精巧な鋳造技術は、青銅とともに充分に発展することができたのである。

このように銅は、第二革命による人間生活の変化のなかで、最も基本的な役割を演じた金属であった。古代中国人が、戦国時代（紀元前二四〇年頃）に銅という文字をつくるまで、金銀銅を総称して「金」という字で表わし、特にことわらない場合には銅を指していたことは当然であった。

### 第二革命の担い手

新しい素材である金属は、どんな新しい表情を人間の歴史に加えはじめたか。そのひとつは、金属のもつ可塑性と強度と輝きとを生かした新しい装飾性の追求に現われている。たとえばシュメールの遺跡、アル・ウバイドから見出された銅製のフリーズ（紀元前二七〇〇年頃）やウルの王墓から見出された金製の薄板と宝石からつくられた首飾り（紀元前二六〇〇年頃）やウル出土の銀製の手綱留め（紀元前一六〇〇年頃）、また、モクロス出土初期ミノア期の金製の鎖や薄板による装身具（紀元前二五〇〇年頃）や、シュリーマンが発掘したトロイの金製の容器（紀元前三五〇〇～二〇〇〇年）などの実例には、初めてこの素材に接した人々が、金属のもっている驚くべき展延性や輝きや、自由な成形性に感動した新鮮な想像力がみなぎっている。

同時に、金属の普及、とくに銅または青銅製の日用品や道具がつくりだした人間生活への影響を見逃すことはできない。有名なウルの王墓（紀元前二七〇〇年頃）からは、美事な金細工や銅細工の装身具とともに、精巧な各種の工作道具すなわち、のみ、きり、ナイフ、鋸、釘、留金、針……などが見出されるが、これらの道具によって金工自体のみならず宝石細工や彫刻の職人たちの仕事が始まり、大工や仕立職人の仕事は飛躍的に精巧になった。ピンやピンセットやナイフの普及も、当時の日常生活を著しく変えたに違いない。

けれども決定的だったのは、武器と農具と工具が、磨製石器から鋭利な青銅器に発達したことであった。石の多い地方では、石器が破損すれば、また次のものを造ることができる。石の少ない低湿地帯ではそれは困難である。けれども青銅器は銅鉱さえあればいつでも生産できるし、銅鉱は陸路と海路による貿易によって低湿地帯の都市にいくらでも集めることができた。また青銅製の斧や、槍や、やじりや、各種の大工道具や石工道具は、磨製石器に比べて、はるかに機能的であり、量産的でもあった。たとえば青銅斧は初め石斧の形にならって造られたが、次第に青銅の鋳造性と強靱さを生かして、薄く鋭くしかも木の柄にしっかりと固定されやすい形に発展した。槍の穂先や、ナイフや、やじりにも、鈍重な形から、薄く鋭くなると同時に、衝撃に対して合理的な補強リブを持ち、使いやすく造りやすい曲線をもつ独特の形に発展した。

道具の性能の向上は、それを持った人間の力の拡大を意味する。青銅製ののみや、きりや、鋸を持ったエジプト人は、ナイル流域の岩層から石を切りそれを積みはじめた。青銅斧を持ったメソポタミアやエジプトの人間たちは、森林の伐採や開墾や灌漑工事を急速に進めることができ、農業の生産性は向上した。青銅器の武器で武装した軍隊は、新石器で武装した軍隊を容易に打ちやぶり、多くの労働力や富を、たやすく手に入れることができた。

青銅器の普及は、第二革命の進行から生れた新しい技術であったと同時に、その進行を支える重要な担い手のひとつであったのだ。

## 青銅文化の拡大

紀元前三〇〇〇～二〇〇〇年の間に、メソポタミアとエジプトとインダス河流域――孤立した黄河流域は別として――に進行した第二革命と青銅器文化は、地中海のクレタ島やトロイをふくむ小アジアやギリシャ本土、またイラン高原やコーカサスに広まっていった。この波は、紀元前一九〇〇年頃には、イギリスやスペインやドイツにまで到着した。先進文化の周辺、またさらに周辺に成立した第二の青銅文化の周辺の人々は、時々やってくる征服軍に敗れて後退しながらも、自分らの独立を保持するために、青銅器で武装しなければならなかった。彼らは、銅山を開発し、または自分らの生産物と銅鉱とを交換し、専門職人群を養成した。青銅文化に入るためには、農業牧畜による生産と商工業との分業――すなわち都市的経済――を採用せざるを得ない。いいかえれば青銅器で武装したオリエントの遠征軍は、青銅文化を押しつけながら、周辺に第二革命を拡大させ、その波がまた次の波を起して拡大していったのである。またオリエントの北方山岳地帯の遊牧民のなかには、南下して国を建てるのに成功した民族もあった。メソポタミアのカッシト（紀元前一八〇〇年頃）やアナトリアのハッティ（紀元前一五〇〇年頃）がそうである。彼らもまた後方のユーラシア内陸の遊牧民に青銅文化を伝え、そこに青銅器で武装した強力な騎馬民族が生れる機会をつくった。こうして第二革命と青銅文化を吸収した後進地域では、青銅器時代の後半に（紀元前二〇〇〇～一〇〇〇年頃）に新しい活力をもったそれ自身の青銅文化が展開された。イラン西部の山地ルリスタン、さらにその西北のコーカサスにおけるタリシュとジョルジアとクーバン、中部と北部ヨーロッパにおけるハルシュタット文化、また南ロシアにおけるスキタイ文化、などがそれである。

それらは後進的発展であるだけに、オリエントの青銅文化が示したような強烈な技術的独創性をもってはいない。けれどもそこには、後進民族が新しい素材の美しさに目を見はって感動した若々しい造形力が溢れて、それらは人間と銅との結びつきから生れた新しい形態として忘れることができない実例であろう。

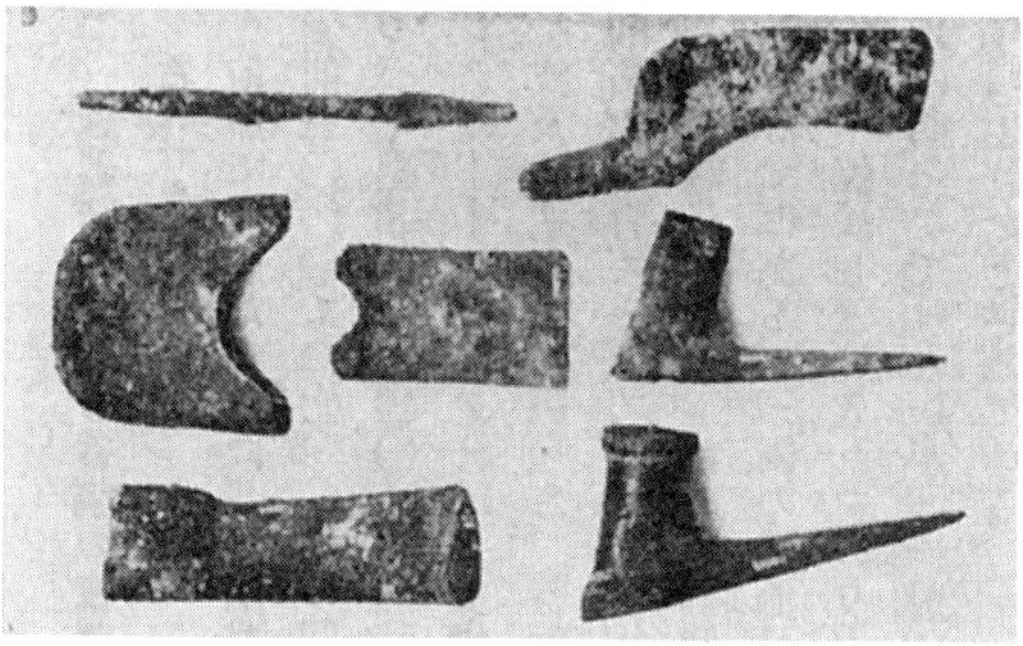

おの〈銅〉

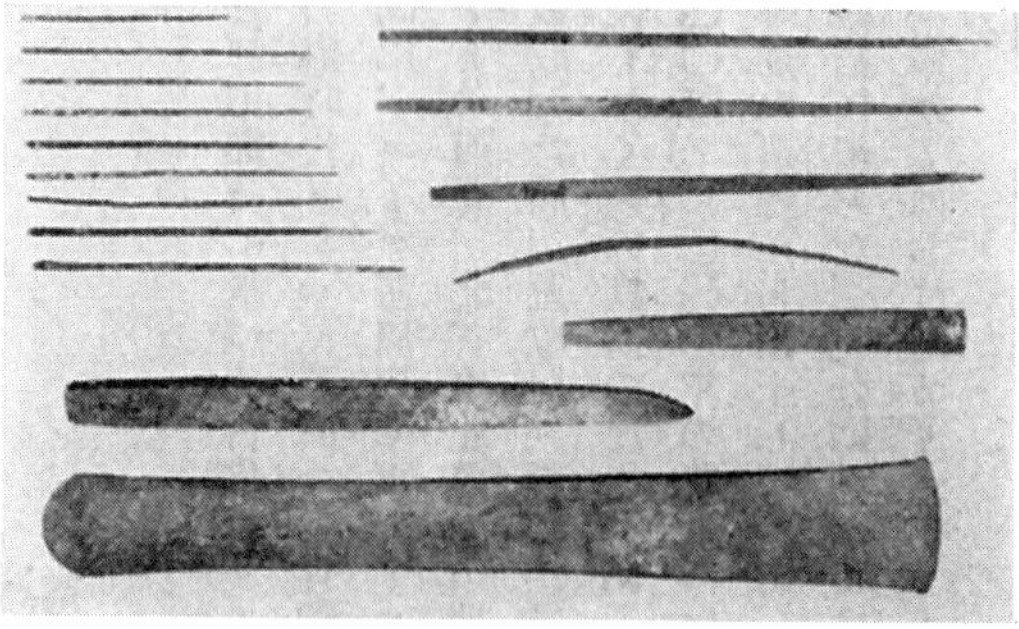

工具〈銅〉

## 二　鉄器時代における銅の役割

### 古代世界の舞台

前節で述べたように、青銅器と農業と都市経済に基づく古代オリエントの都市国家の発展は、紀元前三〇〇〇～二〇〇〇年の間に、新石器時代とまったく異なる青銅文化をつくりあげ、それは、つづく紀元前二〇〇〇～一〇〇〇年の間に、エーゲ海周辺や東ヨーロッパや黒海沿岸の西部中央アジアに――いいかえれば、古代オリエントの西北、北、東北の周辺地帯に――青銅文化を次から次に波及し拡大していった。青銅文化を吸収した周辺遊牧民族のなかでは、次の時代への新しい物質的基盤が育てられていた。青銅よりも硬く強く鋭い鉄器の誕生である。

青銅時代の鍛冶工たちは、紀元前三〇〇〇～二〇〇〇年の時期にはすでに鉄の存在を知っており、わずかではあるが、鉄の装飾品はその時期の遺跡から出土している。けれども彼らは、鉄鉱石の精錬と、焼戻しと焼入れを繰り返す鉄の鍛冶技術とを、充分に知ってはいなかった。この技術の誕生地は明らかではないが、一般には黒海沿岸地方におけるカリュベス人のなかから、紀元前一四〇〇年頃生れたとされている。

普通の鍛鉄は、青銅よりも軟らかく、武器や農具や工具としても劣るが、焼入れによって鋼化された鉄器は、青銅器よりもはるかに強力であり、しかも鉄鉱石は銅や錫よりもはるかに手に入りやすい。

古代オリエントの周辺の辺境山岳高原地帯の遊牧騎馬民族は、紀元前一二〇〇年頃から、次第に青銅器文化から脱して鉄器と青銅器を併用する騎馬集団となり、古代世界の歴史と地図の上に登場するようになった。

H・G・ウェルズはその『世界文化史概観』のなかで、これらの新しい周辺民族をまとめて原始アーリア人と呼んでいるが、メソポタミア北方から南下したスキタイ人、メジア、ペルシャ人がそうであり、またバルカン半島を通って地中海沿岸に達したイオニア系やドリス系のギリシャ人がそうであった。彼らは紀元前一〇〇〇年頃から、エーゲ海では、クノッソスやミュケナイやテュリンスに象徴される古代エーゲ文明を一掃して、エーゲ海とアドリア海周辺に定住するようになり、メソポタミアでは、バビロン第三王朝やアッシリア帝国と攻防を繰り返しながら、ペルシャ帝国が確立される前六世紀まで、先進都市文明のあり方を学んでいった。

紀元前一〇〇〇年から前五〇〇年にいたる時期におけるこのような大きな舞台転回のなかで、武器や農具や工具など、その時点で最高の性能（強さ、硬さ、鋭さという意味での）を必要とする道具は、青銅器から両者の併用器を経て鉄器に代った。

たとえば遊牧民族から鉄の精錬法を知り、その効果を最大限に利用したアッシリアのサルゴン二世（紀元前七二二～七〇五年）は、現在確認できる最古の鉄器武装軍団をつくり、それによって当時最大の強国をつくりあげた。また、ほぼ紀元前一二〇〇年頃の出来事だったと想像されるトロイ戦争——前八世紀に文書化されたホメロスのイリアッドにしたがえば——ほとんど青銅の武器で戦われていたが、前八世紀の人であるヘシオドスは「刈入れのために鉄のナイフで料理し」「鋭い切れ味の鋼の剣」で戦うことを語っている。

ここでは青銅器から鉄器への、また古代オリエント世界からアーリア民族世界への、大きな舞台転回があったのだ。

オリエントおよび地中海周辺の文明とは無関係に発展した黄河流域の中国文化圏においても、同様の変化がほぼ同じ時期に見られる。殷と周の時代には高度の青銅文化が発展したが、それにつづく春秋時代の末から戦国時代の初めにかけて（前六〜五世紀頃）鉄器の製造が始まり、戦国時代末までには武器も農具も完全に鉄製になった。中国の歴史における戦国時代は、農業生産性の画期的向上と、それによる貨幣経済の成立という重要な社会構造の変革期であり、この変化の過程でも、青銅器から鉄器への移行という事実が不可欠な役割を演じたのである。

この変化はやがて日本列島にも波及し、日本での鉄器文化は、西日本では一世紀頃、関東地方では三〜四世紀頃から始まり、刀剣や馬具また農具は、日本各地に豊富に得られた砂鉄の精錬によって造られるようになった。鉄製農具の普及が三世紀頃に稲作に基づく日本の農業の著しい発展を促し、それが、三〜四世紀頃、応神・仁徳期における日本古代国家の成立条件のひとつとなったことは、よく語られている。

**新しい銅の有効性——自然に老化する性質**

こうしてひとつの文明を進行させる基本的素材としての銅の役割は、終ったのである。けれども、古代オリエントの世界がギリシャ・ローマの世界に変り、さらに西欧中世が新しいアーリア文明を進行させる歴史のなかで——いいかえれば、一七・一八世紀の産業革命によって、人類史の第三の革命が始まるまで——銅と銅合金とはまったく見捨てられたのであろうか。決してそうではなかった。鉄製の鋭利な道具で新しい世界を拓きはじめた人間は、同時に、銅と銅合金のなかにも新しい有用性を発展させていったのである。

純銅は、ある程度の強度と硬さを保ちながらすぐれた可鍛性をもっており、また青銅や他の銅合金は、それよりはるかに高い強度と硬度をもつと同時に、すぐれた鋳造性をもっている。銅や銅合金のこのような加工性の良さ——望みどおりの形を容易に造れる性質は、青銅器時代にも大いに利用されていたし、金や銀などの貴金属も同じような加工性の良さをもっている。そして金や銀と同じように、美しい金属工芸品の素材のひとつとしての銅や青銅は、青銅器時代から引きつづいて金属工芸史の重要な一側面を形づくる。とくに銅と銅合金が鍍金やほうろう引きしやすいこともあって、その意味での工芸品の素地（地金）としての役割は大きくなった。

けれども私は、鉄器時代の人間生活における銅の実効性という意味では、金属工芸品のなかで演じた役割よりも、その加工性の良さが、銅と銅合金のもつもうひとつの独自性であるすぐれた耐蝕性と結びついて生れた新しい有用性を、高く評価する。

銅と銅合金とは、大気中にあって表面に緑青その他の酸化被膜を生ずる。それは、鉄の錆のように本体から次々に剝脱する仮の表層ではな

ローマのコイン

く、年老いるにつれてますます安定する永続的な保護被膜である。いわば銅と銅合金は自然の中で自然に老化し安定する——natural aging の——性質をもっているのである。金や銀もそうであるが、それらは稀少金属であって、大きな物や大量に必要な物の製造には役立たない。鉄の資源は、銅より以上に豊富であるが、自然に老化する性質をもっていない。

こうして、鍛造または鋳造による加工性の良さと自然に老化し安定する性質とが結びつき、しかも原鉱が地上に豊富にある比較的安価な金属として、銅と銅合金の独自な有用性が浮んでくる。銅と銅合金は、この新しい有用性によって、鉄器時代の人間生活における不可欠な脇役としての役割を果すことになる。次に、そのなかから、銅本来の性質と、それなくしては満されなかった人間の即物的または精神的必要とが生み出したいくつかの実例をとりあげてみよう。

### ギリシャ・ローマにおける銅

それを古代ギリシャに探るならば、ギリシャ人の日常生活と離れがたく結びついていた彫刻における青銅像が、まずあげられるだろう。それは現代的意味での芸術作品ではなく、またキリスト教的な唯一神への絶対帰依の象徴でもない。ギリシャ人は、自然における人間の生命と生活を謳歌するために神像をつくったのであり、したがって多くの神像は屋外に、たくさんの人々が親しみやすいアクロポリスの広場やアゴラの広場におかれる必要があり、したがって、そのために自然のなかで安定して老化する比較的安価な素材である銅や青銅が選ばれたのである。

ギリシャの金属製の人像や神像は、前もって部分部分に分けて鍛造、また鋳造した銅や青銅のパーツを木枠に釘打ちか鋲打ちしてつくられた。有名なパルテノンのアテナ像やオリンピア神殿のゼ

馭者の像／ギリシャ

ウス像（ともにフィディアス作）は、金と象牙でつくられたが、造り方は同じであった。

　普通の神像は銅製であった。ギリシャ人の世界観と銅本来の性質がもっとも劇的に結びついた事件は、ながらく世界七不思議のひとつとして語り継がれてきたロードス島の巨像――前二九二〜二八〇年建設、太陽神ヘリオスの立像で、高さは三六メートル――であろう。それは、内部に鉄の棒で補強された三本の石積みの巨大な支持をもち、青銅板で組み立てられたといわれている。建設後五〇〜六〇年後に地震によって膝部が歪み、頭部や肩は地上に落ち、六五三年にサラセン人が全部を破壊して持ち去るまで、そのままの状態で多くの人々に親しまれていたという。

　銅や青銅は、扉や取手や窓枠や屋根葺き用のタイルなど建築用金物として、ギリシャ時代から広く用いられていたが、この面での銅合金の加工性と耐蝕性をもっと大規模に実際的に利用したのはローマ人たちであった。

　ローマはエトルリア時代からトスカナに豊富な銅山をもっていたが、その征服圏が拡大するにつれて、世界各地の銅山を拓き、とくにスペインとポルトガルは、ローマ時代以来、現在にいたるま

ローマのつり鐘

で銅鉱生産の中心地となった。世界各地の銅塊はローマ市内では銅細工師の強力な同業組合が形成されたくらい、銅の需要は高まった。ローマで製造される銅と青銅は、世界貿易における重要な品目となった。なかでも最大の需要分野は、その版図と市場が、西はスペインから東は小アジアまで拡がったローマ帝国内で流通する貨幣の製造であった。ギリシャ人は銀貨を主として用いたが、ローマ人は銅貨を、それも莫大な量の銅貨を発行流通させ、これによって広大なローマ帝国内の流通経済は円滑化されると同時に、それはローマの支配力を支える重要な役割を果した。

金貨や銀貨にもそれなりの役割がある。けれどもひとつの広大な文化圏に統一した流通基準をつくりあげるためには、銅貨の量産性と加工性と耐蝕性が不可欠な要素である。中国においても日本においても、銅銭は同じ役割を果したのだが、それは決して偶然の一致ではない。それは、銅本来の性質と、それなくしてはあり得ない文明圏のひとつの即物的必要との結びつきから生れた必然的な現象なのである。

ローマにおける青銅の利用を示す好例として、ローマの建築技術がもっとも成熟したハドリアヌスの時代(二世紀初め)に建てられたパンテオンを忘れることはできない。現在はそうではないが、建設当時のパンテオンは、そのドームも円筒状の外壁もすべて青銅のタイルで覆われていた。これは七世紀にすべて剝ぎとられてしまったが、青銅に金をかぶせた堂々たる玄関扉や、ドーム頂上の明り窓の青銅の窓枠は現存しており、当時の青銅技術の高さを示している。また前広間の屋根には、当時ふつうであった木のトラスの代りに、青銅製のトラスが用いられており、これは、建築の主体構造として金属が用いられた最古の例である。ローマ人の活発な技術的活力は、この材料のさまざまな可能性を発掘しつづけていたのである。

ローマの青銅技術はビザンツに伝えられ、たとえば聖ソフィアの青銅扉のような利用は広く普及していた。またビザンツでは石柱の耐震性を高めるために、柱身の上下にうすい鉛板を入れて、そこを青銅の枠で巻き、柱の上下がずれても柱が垂直に立っているようにしたことも知られている。

### 西欧中世における銅

ローマ領であった西欧におけるローマの冶金技術一般は三世紀末から低下しはじめ、生産の衰退は少なくとも九世紀まで回復しなかった。けれどもこの衰退の中で、最小限の生活と農業生産の必要から、斧や刀剣や鍬などの需要が細々とつづいていた鉄生産の打撃が最も少なかった。それ故、九世紀頃、西欧中世の農業生産と封建体制の拡大再生産が進行しはじめた時、もっとも早くローマの水準を回復した冶金技術は、鉄の鍛造技術であり、それは、武具と工具と農具ばかりでなく、扉や窓枠や窓格子や蝶番などの建築用金物の分野をもカバーした。また屋根葺き材や雨樋には、主に鋳造された鉛板がはやくから用いられた。西欧中世の人々は、これらの分野に銅と銅合金を用いる技術的また経済的基盤を充分にもっていなかったのである。

もちろん、西欧中世に古代の銅と銅合金に関する技術が再生されなかったわけではない。ビザンツの技法の影響をとり入れたイタリアのロンバルディアでは、一二世紀中にヴェロナの聖ゼノやピサ本寺の美しい青銅扉をつくっており、その技術はドイツにも伝えられた。また、銅を地金としたゴシック独自のエマイユ（七宝）や貴金属のレリーフによる工芸品は、ゴシック芸術の重要な側面を形づくった。けれども具体的な人間生活に直接影響する形で、銅と銅合金が新しい有用性のためにとりあげられたことは、ほとんどなかった。日常的な意味で、中世の生活は石と木と織物と、そして鍛鉄を基調としていたのである。

けれども若干の重要な例外があった。そのひとつは、ギリシャにもローマにもなかった教会堂の鐘の鋳造である。教会は早くから、信徒を祈禱に召集するための大型の鐘を、よい音を出し風雨にあっても変らない鐘を、必要とした。五世紀頃には、鍛鉄製の鐘が用いられていたが、八世紀頃に青銅による鐘の鋳造が始まり、九世紀にはそれが一般的になった。鐘堂をカンパニーレと呼ぶのは、この頃ローマの鐘がもっぱらカンパニア地方産の黄銅で鋳造されたからだそうである。もちろん九世紀以後は青銅製であり、その機能にとって必要な音色といい耐蝕性といい、鐘の鋳造と銅合金の結びつきは、そこにかくされた必然性の新しい発掘といってよい。

ただしそこで問題となるのは、大型で厚肉の物を一体的に鋳造する技術である。大型の鐘は高さ三〜四メートルに達し鋲接したり、溶接したりするわけにはいかない。それを一体的につくるためには、高度の砂型鋳造の技術が必要である。中世の鐘鋳造師たちは、この新しい問題にかかわりな

フィレンツェ市洗礼堂の青銅扉

がら、青銅の大型鋳造の技術を発展させ、一二五〇年頃には、リューベックに鐘鋳造師の町ができていたといわれている。こうして西欧中世の町々では、常にその中心に教会の尖塔が立ち、その玄関前には、老化し安定した青銅レリーフに飾られた重厚な扉が人々に親しげに語りかけると同時に、耳なれた壮重な鐘の音色がひびきわたるという、独自の風景が成立するようになった。

　鐘鋳造師たちが発展させた技術は、中世における青銅のもうひとつの新しい重要な役割を抽きだした。青銅砲の誕生である。火薬は一四世紀に発明され、それによってそれ以後の戦争方式は、急速に変化したが、そこでもっとも威力を発揮したのは青銅製の先ごめ砲であった。それらは、鐘の鋳造で発展した大型の砂型鋳物の技術で一体として鋳造され、あとでボーリングで穿孔された。その時点において、火薬の爆発力を大きな石の突迫力に変えることのできる装置をつくり得る材料は、銅合金以外にはなかったのである。青銅砲は一四世紀末から戦争に使用されたが、その大きな有用性から、短期間のうちに広く普及し、また大型化していった。トルコ人が一五世紀後半につくってダーダネルス海峡の両岸に据えた四二門の青銅砲は、重さ一八トン・口径二五センチであった。

青銅砲は、一六世紀に高炉の発明によって鋳鉄（溶けた鉄）の量産が始まるとともに、一五〜一六世紀における青銅砲の目覚ましい独演は、銅合金の潜在的可能性を新しい有用性に結びつけた人間の創造力を示す実例として人間の歴史のなかで見落すことのできない一齣である。

## 三　日本における銅

### 銅鐸と銅剣

これまでは主として古代オリエントとヨーロッパの世界を中心として、人間と銅の歴史を眺めてきたが、ここでは、日本文化史のなかでそれがどのような形で現われたかを概観してみよう。

前節に述べたように、殷と周の時代に高度の青銅器文明をつくりあげた中国は、春秋時代末から戦国時代初めにかけて（前六〜五世紀頃）鉄器時代に移行し、この変化は一〜四世紀頃に日本列島に波及して、日本にも鉄製の武器や馬具や農具が普及しはじめるのだが、それにつづく古墳時代、また奈良時代における日本古代統一国家の成立と発展の時期においても青銅は、その時代の人々の精神的また物質的生活の充足のためになくてはならぬ物質でありつづけた。むしろ七〜八世紀は、日本人が青銅という素材の可能性をもっとも劇的に展開させた時期であるとさえいえるのである。

日本における銅の歴史を考えるためには、まず最初に弥生時代における銅鐸と銅剣がとりあげられねばならない。

銅鐸は、一見つりさげて鳴らす鐘のような形をしているが、それが楽器であるか祭器であるかはわかっていない。七世紀に初めて発掘されて以来、現在まで約四〇〇個が発見されており、高さは一・三メートルから六センチまでさまざまである。

それが用いられていた時期は、弥生中期から後期（前一世紀から三世紀）であろうと推測されている。これらは鋳造品であって、高さ一メートルくらいのものが肉厚三～四ミリの薄さでつくられているところから、これを造った人々がかなり高度の鋳造技術をもっていたことがわかるし、またその装飾文様がすべて弥生式土器の文様と同種であるところから、銅鐸の原型が中国から移入され

袈裟襷紋銅鐸

銅　剣

た後に、その造り方も用い方も弥生式文化のなかで消化成長していったことが推察できる。興味深いことに、銅鐸の出土地域は、瀬戸内海中部から箱根以西までの地域に限られており、次に述べる銅剣の出土地域とはっきり区別されることである。

銅剣は、同じく弥生中期から後期に用いられていたものが、北九州から瀬戸内海中部に至る地域から約六〇〇本出土しており、そのうちの八割は北九州からである。出土された銅剣は大きくいって二種類に分けられる。細身で硬く鋭利な銅剣は、中国か朝鮮からの輸入品であると考えられ、平たくて質も劣る銅剣は、武器という実用目的からはなれて祭器化・宝物化した日本製であると考えられている。事実、後者のための石製鋳型が相当数発見されている。こうした考えに立つと、弥生後期までの日本の青銅器文化は、高度に実用的な性能をもつものは多く輸入品にたより、もっぱらその形を模すことで満足していたということになって、青銅器がその時期の生産力の基盤と認められるかどうかが疑わしくなってくる。おそらく、少数の実用的青銅器とかなり多くの祭器用青銅器と、そして圧倒的多数の実用石器とが併用されていたという状態が実際に近いのであろう。

けれども、少なくとも前一世紀から三世紀頃までの時期に、それぞれ違った生活圏をもっていた北九州の（銅剣）グループと、近畿・中部の（銅鐸）グループの人々が、中国から初めて伝えられた青銅器に触れ、その造り方を習得し、情熱的にそれを自分たちの生活に同化しはじめていたのである。考古学者や歴史学者の間には、弥生末におけるこの二グループの並存という事実に基づいて、二～四世紀頃、北九州勢力が近畿勢力を圧倒し、日本古代国家（大和朝廷）を成立させたと考える見方が有力である。

## 安らぎの象徴、金銅仏

古墳時代を通じて、鉄器と青銅器は平行して日本人の生産活動や日常生活のなかに静かに普及していったに相違ない。そして刀剣や農具をつくるための鉄鍛冶の技術が九世紀頃までに成立すると同時に、七〜九世紀、すなわち飛鳥・白鳳・天平の時代に生きた人々は、銅の特性のなかから、さまざまな新しい美しさを抽きだした。

鉄器と平行して進行する青銅器文明の創造物には、鉄器を知らないで独自に進行する場合とは違った様相が示される。とくに日本の場合、古墳時代に鉄器が普及し、しかもその一部として鉄の工具（たがね、や、のみ）が現われると、単なる鋳造であった金工技術には、軟らかい銅と硬い工具でさまざまに加工する鋳造と彫金の技法が加わって、創り出される物の形や機能は、飛躍的に向上した。

正倉院御物のなかには、新しい金工技術を駆使したさまざまな銅器の日用品が見られ、美しく浮遊する天女の像を描いた薬師寺東塔の水煙（六九〇〜七三〇年）、夢殿屋上の壮麗な大宝珠（七三五〜七五〇年）、また緻密な技術の極限を示した東大寺の大燈籠（八世紀）などのような名作が現われた。それらは、古墳時代の生活にはまったく存在していなかった新しい表現であった。

仏教を移し、隋・唐の中央集権国家体制を模倣しながら、古代日本における律令国家は、この時期に成長し確立された。聖徳太子の時代から天智・天武の時代へ、さらに聖武の時代へと、人々の住まい方も人々の考え方も目まぐるしく変っていった。銅という素材は、そのような変化のなかで、さまざまな即物的また精神的必要から、人々によってとりあげられた。前述した実例もそのひとつ

金銅仏

の現れであるが、この時期の銅が果した最も重要な役割は、金銅仏（鍍金した銅による仏像）の素材としてのそれであろう。

金銅仏は、その時代の人々の精神にまったく新しい意味での充実感を、深い安らぎを与える信仰の象徴として――今日残されている資料としては――七世紀から現われる。初期の実例としては、七世紀初めの法隆寺の釈迦三尊や薬師如来像が有名であり、それが、七世紀末の興福寺の仏頭や八世紀初めの薬師寺金堂の薬師三尊のような世界に比類のない表現力をもつ名作に発展していく。金銅仏が、これほどの宗教的情熱と技術的追求が一体化した形で創られ、またより高く創られていった時期は、これ以後には見られない。そしてその即物的な意味での最大限の現れは、八世紀半ばにおける東大寺の大仏鋳造であった。

当時の人々が「ほとけ」への憧憬を具象化するためにとりあげた素材は、銅ばかりではなく、他に木や乾漆や粘土や石があり、とくに木彫は後世ながく日本の仏像制作の主流的技法となった。けれども八世紀半ばの大仏鋳造に至るまでの時期において、永遠性と、神を物として表わそうとする人間の強いあこがれに最もよく応じ得たのは、銅のもつ秀れた鋳造性と耐久性（物質としての安定性）であったと思われる。

七世紀前半には、像の原型を木彫でつくり、それに土をかけて焼いて雛形をつくり、中子を入れて鋳造する方式がとられていた。たとえば、法隆寺の釈迦三尊や四八体仏の大半がそうであったと考えられる。そこには、木彫という技法に制約された形の生硬さ、またそれによって生れる人間の想像力の抑圧が感じられる。けれども、七世紀後半になると、土でつくった簡単な原型の上に蜜蠟をきせて、のぞみどおりの原型を細部にいたるまでつくりあげ、その上に鋳型土をかけて焼き、流れだした蜜蠟のあとに空洞をつくり、そこに溶銅を流しこむという技法——蠟型鋳造——が普及した。「ほとけ」に対する人間の想像力は、この技法によって際限なく拡大され、このような素材と技法の安定のうえに、文字どおりの「安らぎの象徴」が創造され得たのである。興福寺の仏頭の無限の静けさ、薬師寺の薬師三尊の壮厳な永遠性は、こうして生れた。

八世紀半ばにおける東大寺の大仏鋳造の技術については、さまざまな推測がなされているが、専門家でない私はここで、それに触れることができない。けれども私たちは、現在残っている天平勝宝時代の鋳造部分——蓮台——を眺めそれに触れる時、銅の鋳造でなくては満されなかった、当時の人々の宗教的情熱の巨大な集積を、その流麗な曲線や安定した厚みや自由濶達な毛彫りのなかに感ずることができる。

### 銅銭と日本人の歴史

七〜九世紀の日本は、新しい金属文明への歩みを積極的に進めていた。金・銀・銅・鉄、また鉛・錫などの鉱物資源が政策的に全国的に探し求められた。なかでも武蔵の国の秩父で発見された、良質で大量の鉱床をもつ銅山は有名であり、それを記念して年号は和銅元年（七〇八）に改められ、

和銅開珎

またそれを機会として日本最初の通貨である和銅開珎が鋳造された。古代と中世を通じて日本における銅銭は、古代ローマの銅貨が演じたような、広大な領土に円滑な流通経済をストレートに成立させるという積極的な役割を演ずることはできなかった。たとえば、八世紀初めの和銅開珎から、一四世紀半ばにおける建武の中興によって成立した新政府によって出された乾坤通宝にいたるまで、多くの公式の銅銭が鋳造されたが、その量は少なく、通用効果は限られていた。封建体制下における流通経済下に、米穀生産を基盤とする農村と、領主群に対する通貨経済を基盤とする商工業者の抵抗という形で進行し、両者が何らかの形で結びつかないかぎり、円滑な流通経済は進行しなかったからである。しかも、その時その時の条件で商工業者と結びついた領主群の指導者は、宋銭を輸入した平清盛や、明の永楽通宝を輸入した足利義満のように、常に巨大な流通経済圏を保っていた中国の銅銭に依存していた。桃山時代をすぎて中央集権国家が成立した後初めて、日本には、全国的な流通経済が成立するが、そこにいたる過程のなかで、日本人のつくった銅銭、あるいは銅銭という機能にこめられた日本人の意志が歴史の主役となることはなかったのである。

### 生活に入りこんだ新しい「自然な素材」

七~九世紀に日本人の生活に入りこんできた銅は、前述した金銅仏のほかに、銅鏡や梵鐘やさまざまな仏具としても盛んに用いられたが、もうひとつの見逃すことのできない筋は、銅の鍛造しやすい性質と自然老化という耐久性に基づいて、さまざまな建築金物として用いられたことである。その最もよい実例は伊勢神宮の正殿であろう。

伊勢神宮の正殿は、七世紀末「常に二十年に限りて、一度、新宮に遷し奉る」造替の制度が定められ、今日に至っている。今日までつづいてきた形式をみると、そこには桧材とカヤの自然な新鮮さとともに、千木やぬき木やむちかけの先端に、かつお木の木鼻に、また回り縁の高欄や宝珠に、清らかで自然な輝きをもった飾り金物が多用されているのに気がつくであろう。この形式を見慣れたわれわれにとって、これらの飾り金物は、伊勢神宮の造形力の純粋性を形づくるうえで不可欠な要素になっている。このすべてが造替の制度が確立された時に出揃っていたと断言することはできない。けれども、少なくとも奈良時代が終わる九世紀までには、現在の飾り金物の形式がととのっていたと考えてよいであろう。また同じことは、現在伝えられている出雲大社の壮大な破風板を覆っている金物についてもいえるであろう。

こうして銅の秀れた鍛造性と安定した自然老化の性質とは、日本の古建築に不可欠な要素として普及した。

飾り金物は単なる装飾ではなく、重要な機能的構造的役割をも果している部品である。釘頭を錆びないように保護している釘かくし、平たく大きい板の割れを防ぐ八双金物、フスマや障子の引手、直角に交叉する部材相互が乾燥で離れるのを防ぐかまち飾りの金物、材端の風蝕を防ぐためのたるき先金物やぎぼし金物……。それらは、その機能的必要に応じてさまざまな複雑な形をもたなけれ

フスマの引手

ばならないし、同時に桧やカヤや瓦ととも、それらと調和しながら自然に老化し安定している性質をもたねばならない。屋根葺き材料や雨樋の材料としても同じことが必要である。鋳造と鍛造と彫金という加工性に応じうる銅は、このような要求を満すただひとつの金属材料であったといえる。

しかもわれわれの祖先は、銅のもつこのような実用機能を、高度の工芸的装飾に高めると同時に、人々の日常生活を静かに囲みながら、時折人々に語りかける表現力をもつ存在のひとつにも高めていった。

伊勢神宮正殿では、桧とカヤという素材の自然さと清純さに欠くことのできない要素として、銅の特性が生かされている。けれどもそのような白木と銅という組合せばかりではない。たとえば春日大社の本殿に見られるように、華麗な朱塗りと鍍金された飾り金物のはなやかな対応、また日光東照宮の本殿におけるように、なめらかな黒漆ときらめく飾り金物の組合せ、さらにまた桂離宮の釘かくしやフスマの引手に見られるような、自然に古びていく木材やフスマと融合したつつましい存在のなかに込められた素晴らしい造形力……。日本の古建築における銅の秀れた実用機能と表現効果には、このような多様性がある。

けれどもそれらすべてを、たとえば古代ローマにおけるパンテオンのドームと外壁と、カバーした銅タイルの扱い方や、中世ヨーロッパにおける巨大な青銅扉や青銅砲のあり方に比べてみると、銅に対する日本人独自の姿勢が感じられる。われわれの祖先は、銅の成形性とともに、それが自然に古びて安定していく自然さと——木材やカヤや瓦や漆や紙などと調和した素材として——愛し、取りあげたのであろう。

出雲大社

このような気持は、建築金物ばかりでなく、徳川期の一般庶民の日常生活における銅製品のあり方にも現われている。

銅と亜鉛の合金である真鍮をつくる技術は、日本では一七世紀初めから普及したといわれている。この真鍮も含めて徳川時代における銅製品は、きせるや薬罐やじょうごや火消壺や分銅など、さまざまな日用品として、庶民の日常生活に浸透した。たとえば銅細工師は、江戸庶民の日常生活にとって不可欠な人々であった。さびたままでも安定しており、またみがきこめば再び新鮮な光沢が得られるさまざまな銅製品の姿。たとえば愛用のきせるを静かに拭いている老人と、漆塗りの文箱や違い棚をふきこんでいる女房と、薬罐をみがき廊下をみがく下女の姿とはまったく同種の生活の雰囲気であり、同種の人間と素材との対応の仕方であったと思われる。銅は、そのような生活の雰囲気のなかにとけこめる素材であった。

# 第九章　木による日本の建築はどんな特徴があるのだろう

## 一　和辻哲郎の「風土」

「風土」という言葉がある。

普通には、ある地方の気候や地質や地形や、そこから生れた自然の景観のすべてを含んだ自然環境をいう。

ところで、君たちのなかに、和辻哲郎の『風土』という本を知っている人がいるだろうか。昭和の初めに書かれた有名な本で、歴史の理解のうえに、大きな影響を与えた名著である。かなりむずかしい本だけれども、日本の歴史を考え、日本の文化を理解し、われわれ日本人自身の奥底にひそんでいる精神のありようにせまるために、一度ぜひ読んでもらいたい本である。

これからの私の話にも大いに関係があるので、かんたんに、その内容を紹介しておこう。

文明の特徴は、その地方の自然条件、つまり、はじめに述べた風土の特徴に、なんらかの意味で関係があることは、すこし考えてみればわかることだろう。一九世紀後半のフランスの哲学者テーヌという人などは、この考えを極端に発展させて、文明の特徴は、すべてその地方の自然環境に支配される、と主張する『環境哲学』という本を書いたくらいである。

けれども、和辻は、風土という言葉に、もっと深い意味を与えた。いいかえれば、風土と人間、風土と文明、の関係を、もっと深く理解した。

人間は、その風土と一体になって、よりよく生きるために、力の限り、自由に、感じ、考え、行動する。そのような人間たちの行動の積み重なりのなかに、つまり歴史的に、ある特定の精神のありよう（精神構造）と社会のしくみ（社会構造）とが生れ、それに基づいて文明の特徴が生れる。

このような風土の考え方を前提として、和辻は、世界の文明の類型を三つに区別した。

日本や中国やインドの文化は、「モンスーン型」とよばれる。その気候の特徴は、暑熱と湿潤である。夏季に多く降る雨は、豊かな農耕の基となるが、夏になると毎年おそうモンスーンは、人力で対抗しえない災害を人々に与える。その文明は、湿潤が与える自然のめぐみに対して、すなおに受け入れる、つまり「受容的」であり、おそってくる自然の暴威に対して、じっとがまんして従う、つまり「忍従的」である、といえる。

イスラム教（回教）を生んだアラビアや、ユダヤ教を生んだユダヤ人の文明は、「砂漠型」と規定されている。乾ききったきびしい自然のなかで、つねに要求される意志の緊張によって、「戦闘的」であり、そこで生きる共同生活の必要から、「服従的」である。この姿勢から、人に絶対的服従を要求する戦闘的な「唯一神」（イスラム教ならアラー、ユダヤ教ではエホヴァ）の宗教が生れた。

第三は、「牧場型」である。ギリシャ、ローマ、またヨーロッパ文明の特徴とされている。ヨーロッパの、冬の湿潤と夏の乾燥が適度に総合された自然は、むしろ人間に対して従順である。そこでは、人間中心の、明るく「合理的」な文明が成長する。これが和辻の分類する文明の型である。

私は、大学生のころこの本を読んで、深い感銘をうけた。とくに、西洋と日本の文化の質の差を考えさせられた。建築史の勉強をするようになってからも、和辻のいう「風土」という考えかたが、いつも頭からはなれなかった。

日本とヨーロッパの建築のちがいは、ただ日本が木造を主体とし、ヨーロッパが石とレンガを主体とした、というだけのものではない。ヨーロッパの古建築にも、木造のものがかなり残っている。同じ木造建築をくらべても、そこには、まったく異質の形態があり、空間がある。それは、両方の文明の奥底にある「風土」のちがいによるものであろう。私は、ここでは、その問題をとりあげてみたい。

前に述べたように、新石器時代の竪穴住居については、両者のあいだに、本質的なちがいはなかった。けれども、その後すこしずつちがった手法や空間が現われ、やがてはっきりとちがった住いの形式が、両者に定着するようになる。そしてこのちがいは、西洋と日本の「空間感情」(どういう空間をこのましいと思うか) の根本につながるものと思われる。まず、住いの問題を考えてみよう。

## 二　囲いと覆い

ヨーロッパと日本は、ともに温帯または冷温帯に属して、年間気温も年間降雨量も大差がない。だいたい湿潤温暖である。植生も、ともに、北部に針葉樹林、中南部に広葉樹林をもっている。けれども、気候条件として著しくちがう点は、日本では、夏に雨が降るが、ヨーロッパでは、冬に雨や雪が降ることだ。だから、日本で暮らしにくい季節は、寒い地方を除けば、温潤と暑熱が一緒に

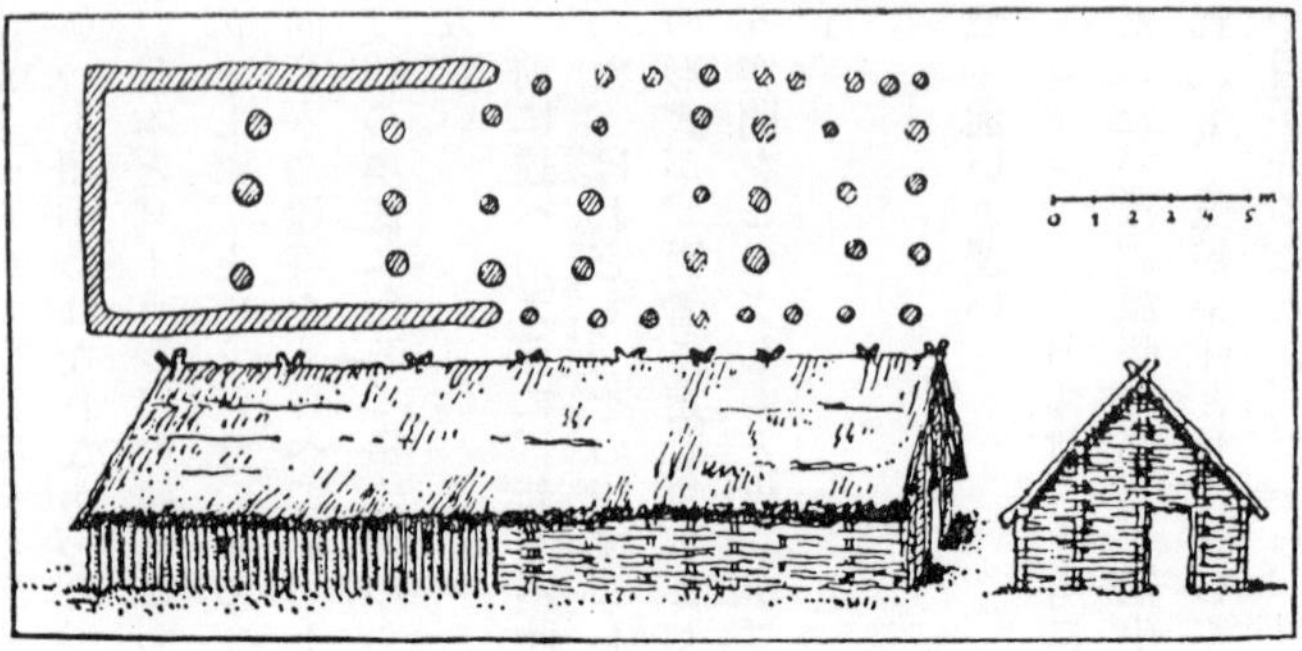

ケルン／リンデンタールの典型的な長い家の平面図と復原図

やってくる夏である。ヨーロッパでは、雪や雨や風が寒さと一緒になる冬が、乾燥してすがすがしい夏よりも暮らしにくい。

このことを頭において、次の実例を見てもらいたい。

ヨーロッパの竪穴住居は、新石器時代後期には、木材を横たえて積み重ねる校倉式や、木材を縦に立て並べる桶式の丸太または半割り丸太の小屋に変化する。その実例のひとつは、ケルンのリンデンタールや、アイヒビュール村落遺跡である。

復原図から明らかなように、長方形平面の室内は、頑丈な厚板で囲まれ、小さな出入り口や採光のための小さな窓があいているだけで、外部からがっちりと閉鎖されている。切妻形の屋根は、ななめに架けられた合掌材で形づくられている。

壁面は頑丈で、開口部もほとんどないから、

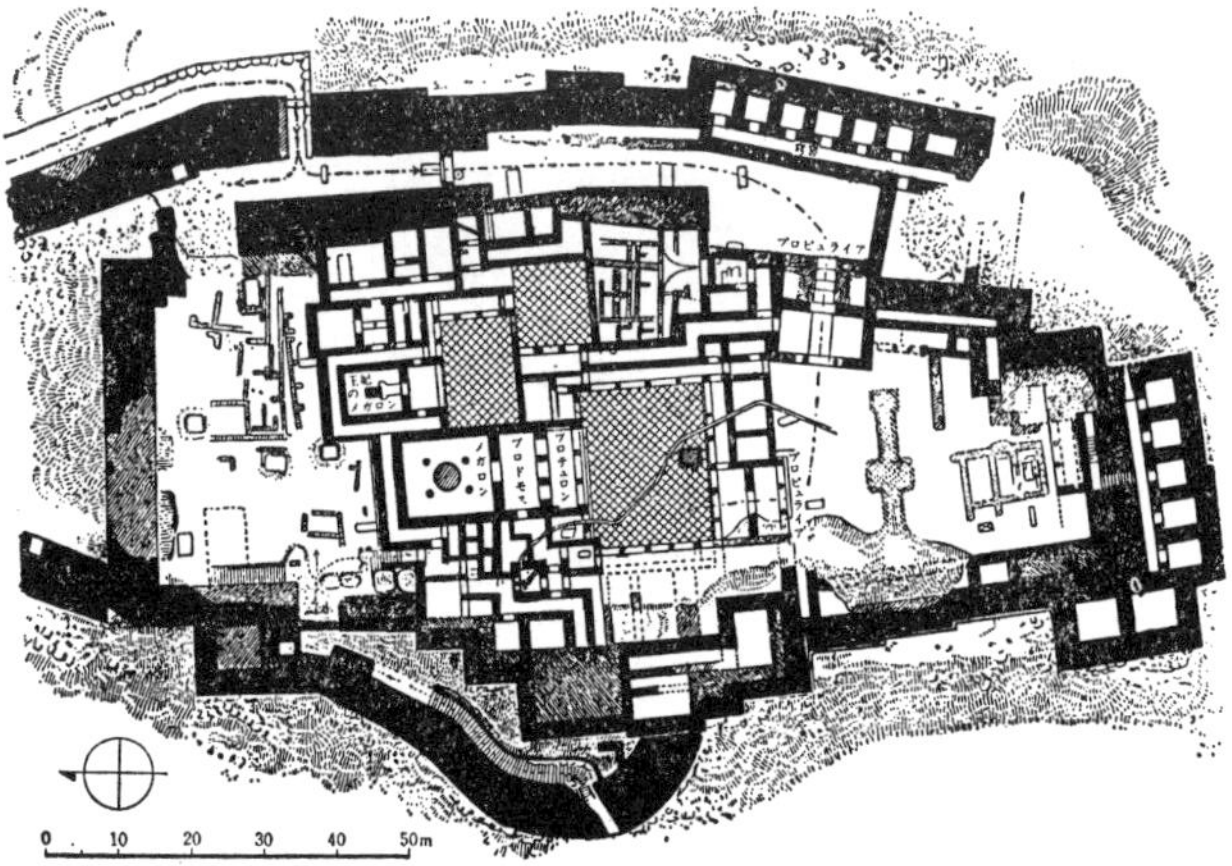


メガロンの集合からなるテュリンス宮殿（平面図）

庇を長くのばす必要はない。庇は屋根から流れ落ちる雨水がじかに壁面に伝わらない程度に、ほんの少し外に出ているだけである。

この庇の短さは重要なことなので、おぼえておいてもらいたい。

つまりヨーロッパでは、原始的な竪穴住居は、まず、内部の空間を「囲む」木の「箱」に発展した。

これは北部ヨーロッパだけの特徴ではない。古代ギリシャの住いの基本形式は「メガロン」であった。メガロンとは中央に炉のある方形または矩形平面の室内の一方に出入り口があり、正面に吹き放しの「柱廊*」がついている形式である。これは、北方からギリシャ半島に南下してきた民族がもたらした住居形式だと考えられている。

ミュケナイ時代の遺跡として有名なミュケナイやテュリンスの宮殿は、このメガロンの集合

* 柱だけで壁のない廊下

甲四基址復原図

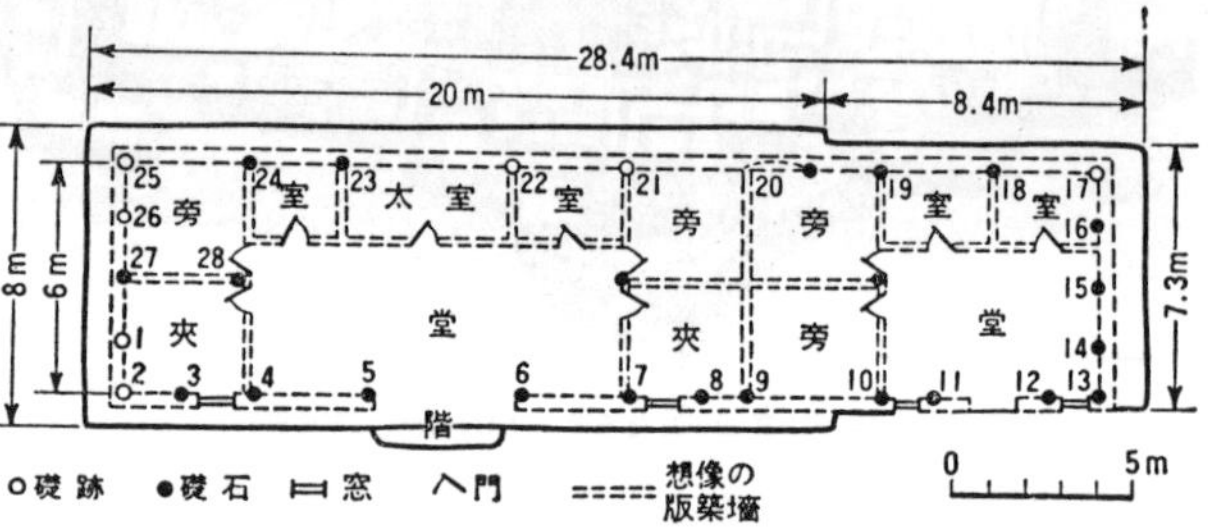


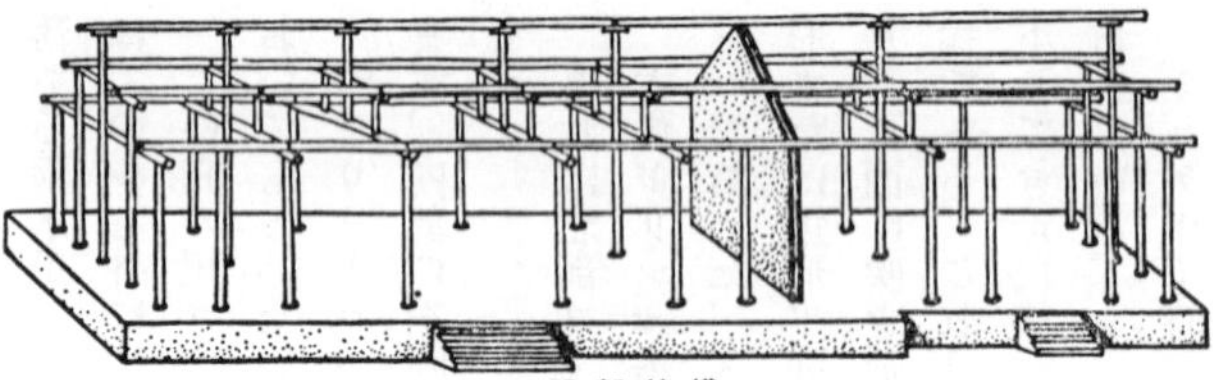

2 間架結構

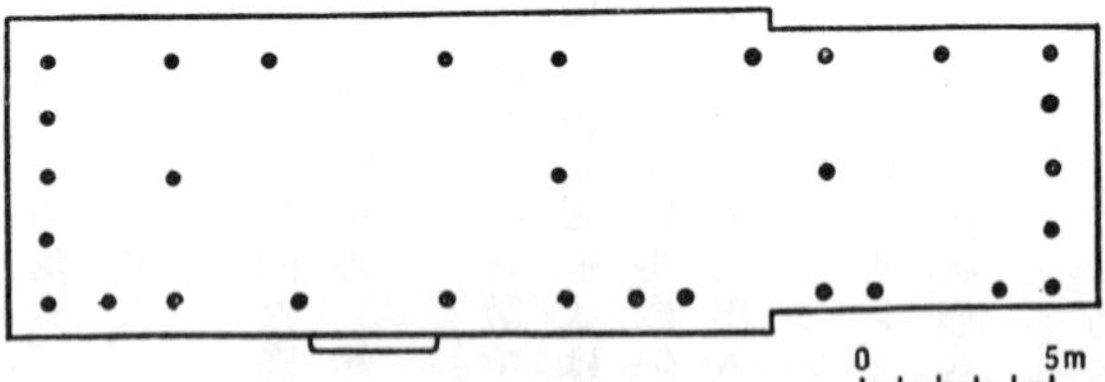


1 基址平面

中国殷時代の小屯・甲四基址

典型的な寝殿造り

からなっている。また古代ギリシャの最盛期に建てられたアテネのパルテノン（前五世紀）のギリシャ神殿の形態は、このメガロンを原型とし、その発展型として、生れた。それらもおなじように、室内空間を囲む頑丈な閉鎖的な「箱」であった。

日本、また日本を含む東洋の——和辻のいうモンスーン型文明の——住いの原型は、これらとかなりちがった形態をもっている。

たとえば、新石器時代をおわり青銅器文化にはいろうとしていた中国の殷時代の遺跡に河南省小屯で発掘された甲四基址とよばれる宮殿建築がある。

建物の大きさや平面形や切妻形の外形は、先に述べたケルンのリンデンタールの例とかなり似ている。しかし、室内空間の性質は、非常にちがっている。つまり、柱と柱のあいだに、ところどころ壁はあるが、ほとんどは、そのまま空いている。つまり外部から頑丈に閉鎖されるのではなく、やや長くのびた庇の下に沿って、外部空間と一体化しようとしているのである。

このような住いの性質は、日本ではどうだろう。それは、平安時代の貴族住宅、「寝殿造り」に、もっとも典型的に現われている。寝殿造りは、いまも残っている京都御所の紫宸殿から想像することができる。

主室をとりまいて、広い縁がある。主室と周囲の縁は、一部漆喰壁や板壁が仕切られているところもあるが、大部分は、両開きの扉や蔀戸のような、開閉自由な建具で仕切られているだけだ。屋根の庇は、広い縁を覆い、その外までのびている。広い縁は、庇の下の「場所」ということだ。向きによって、北びさしとか南びさしとかよばれている。

ここでは、空間を囲む壁面は、脇役である。主役は、室内空間を、広い庇の下の空間へ、さらに外の庭や自然に融合させる長くのびた庇であり、屋根である。つまり、日本の住いは、閉鎖的に囲まれるよりも、屋根に覆われながら、その下で外に「開放」されようとしているのである。

寝殿造りの住いの、このような性質は、古代貴族の住宅、高床住居に始まる、と考えられている。そしてこれらは、宮殿や貴族の住宅として、飛鳥、白鳳時代にはもちろん、さかのぼって古墳時代にも、すでに成立していたと想像されている。

一般的にいえば、日本の住いには、高床式の貴族住宅の流れと、竪穴住居につながる土間式の農家や庶民住居の流れとがある。竪穴住居は、古墳時代まで広く普及していたし、下って奈良、平安時代にさえも残っていた。また奈良時代でも、庶民住宅のほとんどは土間式であった。このことは、

中世・近世の土間式
庶民住居

たとえば、万葉集、山上憶良の「貧窮問答歌」に語られる「ひた土に*藁とき敷きて」という詩句からも、明らかである。

土間式の庶民住居は、かなり閉鎖的であったろう。少なくとも貴族住宅ほどの開放性は、もっていなかったろう。けれども、絵巻物に描かれている平安時代の庶民住居、また土間式の流れをもっとも強くうけている中世や近世の農家を見ると、それらは、「囲まれた木の箱」のように閉鎖的であったとは考えにくい。そして、住いの形態の特徴は、壁にあるよりも、それを覆う屋根にあった。

少なくとも、ヨーロッパの住いは、囲いであることを主眼とし、日本の住いは覆いであることをめざして発展した、とはいえるであろう。

このちがいは、両方の気候条件のちがいから生れた。一方は、夏の暑さよりも、冬の寒さと風雨に快適でありたいとし、他方は、冬の寒さ

＊「ひた土に」は直接土間に、という意。

よりも、夏の暑熱と湿潤に対して快適でありたいとした。けれども、このちがいを、単に気候が人間にそれを強いた、というふうに理解するのでは、不充分である。はじめはそうであったろう。けれども、それを、たとえば寝殿造りの住いのような形態と空間にまで発展させたのは、そのような気候条件のもとでの生活のなかに、さらに深く、快適な状態をさがし求めた人間の英知であり、生活感情であった。そしてさらに、人間たちの英知や生活感情は、よりすぐれた快適さを、また単なる快適さ以上に、美しさや安らぎなどの「精神的充足感」をも求めて、いろいろな生活様式を発展させるのである。

## 三　ヨーロッパの空間

このような、人間の担う風土のちがいの中で、それぞれの人間たちは、よりよい生活を求め、そのための住いや建物をつくった。そうだからこそ、おなじ木造の建物であっても、囲いであろうとするヨーロッパと、覆いであろうとする日本とでは、室内空間の性質も、外から見た形も、したがってそれを造る技法も、非常にちがったものとなったのである。

一般に、建築の室内空間と外形と技法とは、それぞれの特徴が、他の特徴の原因であり、また結果となって、深く関係し合っている。とくに質の高い建築ほど、そうである。そういう意味での、ヨーロッパの木造建築の特徴を考えてみよう。

図は、中世ノルウェーに建てられたボルグンド教会堂である。ノルウェーの古建築は、ヨーロッパ建築史のなかで、中心的な流れからはずれている。中世初期（一〇世紀頃）にキリスト教になっ

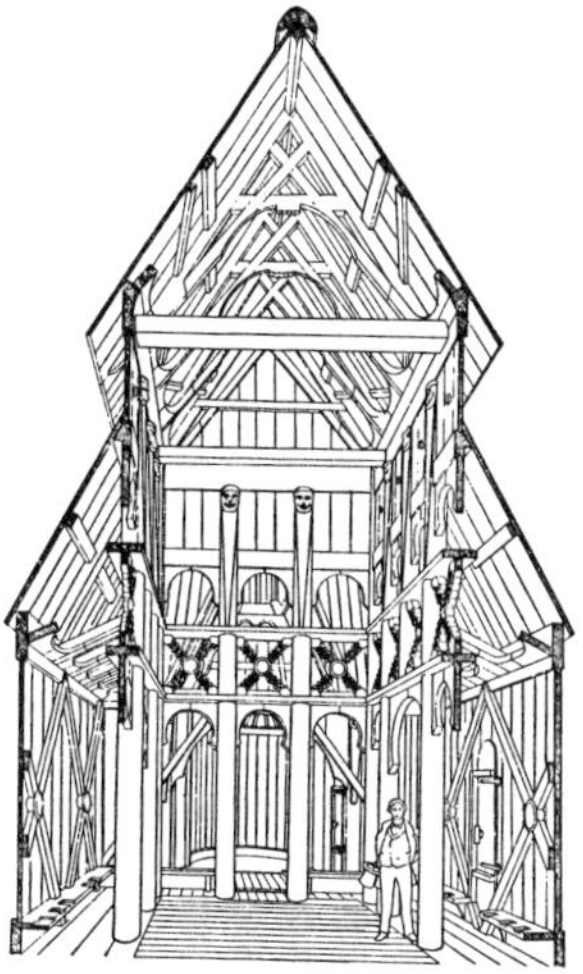

ボルグンド教会堂（断面図）

てから、たえず中欧や南欧の先進文化の影響を受けながら進んできたからである。けれども、ノルウェーは、いまなお、うっそうとした森林に覆われたスカンジナヴィアにある。そして、キリスト教になる前のゲルマン民族の建築精神の伝統を、とくに、木に対する伝統を、もっとも長く強く保持している国のひとつである。この国の古建築は、ヨーロッパ建築の「囲い」としての特徴をはっきり示している。ボルグンド教会堂は、一二、三世紀に建てられたそのひとつの実例である。

教会堂の中心室は、矩形平面に立った巨大な一二本の木の円柱、それが上のはしで支える梁と桁、その上に架けられた合掌材で構成されている。中心室の周囲には、天井の低い回廊がある。回廊は、頑丈な筋違いで補強された厚板の壁で、閉ざされている。中心室も、回廊も、急傾斜の合掌屋根で覆われ、屋根の裏面は、その

中世ノルウェーに建てられたボルグンド教会堂
ヨーロッパ建築の「囲い」としての特徴をよく示している

中世イギリスの建築物に多く見られる屋根の構法

合掌材を用いた「クラックス構法」（左）と，木造アーチを主体とした「ハンマー・ビーム構法」（下）の実例

まま天井面となっている。

力強い木組み。柱をつなぐ水平材や天井の合掌材に見られるアーチ状の曲線。またいたるところに、執拗に、深く、きざみこまれた異様な装飾。どれも見のがせない特徴だ。しかし、私がここでいいたいのは、この室内空間が、頑丈な壁面およびその上部への延長として天井面によって、ちょうど箱の内部のように、囲まれていることである。

これは、なんでもないことのように思うかもしれない。けれども、日本の古建築の室内空間とくらべてみれば、両者の空間の質のちがいが、このことから生れてくることがわかるだろう。

日本の古建築では、まず室内空間を覆う水平の天井面がある。室内空間と外部空間とのあいだにある垂直面は、多くは、障子や板戸などの建具がはまっているだけの「開口部」である。これは、空間構成として、質のちがう要素だ。ボルグンド教会の室内空間、そして多くのヨーロッパ古建築の室内空間にとって、壁面と天井面とは、空間を囲み閉ざす、おなじ質の要素なのである。天井面は、壁面の延長なのだ。この両者の室内空間の形を、その室内にある空気のかたまりと考えれば、ヨーロッパ建築内部の空気は、一定の形に凝縮している。

これに反して、日本の古建築、たとえば有名な桂離宮の室内では、天井面と床面のあいだにはさまれた空間の形は固定されていない。つまり、室内の空気のかたまりは、大きな開口部によって外の空気と融けあっているから、閉ざされた形を、われわれに感じさせることがない。

結局、このようなちがいは、壁面や天井面の装飾的処理、ひいては、視覚的効果のちがいとなって現われる。

ボルグンド教会堂にみられる、力強い木組みや、厚板のカーブや、精巧な彫刻による視覚的表現は、おなじ密度と迫力で天井の最高点までつながっている。つまり、空間を囲んでいるのは「箱の内面」であるから、すべては、視覚的効果を高めるように、造形されているのである。

このような空間において、もしも天井に水平の梁がたくさんならんでいたら、その視覚的表現は著しくそこなわれるだろう。したがって、なによりも、囲いであることをめざすヨーロッパの建築精神にとっては、日本や中国がむかしから用いていた方式、つまり、まず水平の梁を架け、その上に束をたてて棟木や母屋桁を支える方式（たとえば和小屋によく見られる）よりも、合掌天井による方式のほうが、より直接的な形式なのであった。

ボルグンド教会堂の中心室においても、中心室を横断する梁は一本もない。下からながめると、精巧に組み立てられ、独特の表現効果をもった合掌材による天井構成が、すさまじい迫力をもって、見る人の心をとらえる。

これらの空間の性質は、もちろん、ボルグンド教会堂だけの特徴ではない。また中世ノルウェーだけの特徴でもない。それは中世ヨーロッパの古建築に広く見られるもので、日本の空間とはまったく異質の特徴である。

それを明らかにするために、中世イギリスの木造建築の実例を、少しとりあげてみよう。

中世イギリスは、スカンジナヴィアとおなじように、たくさんの美しくまた独創的な木の建築を生んだ。そのなかには、水平の梁を架けわたした実例もある。しかしその場合でも、梁の上に束が何本も立つということはない。梁は、中央に一本の束をもち、棟木を支えるだけである。だから、

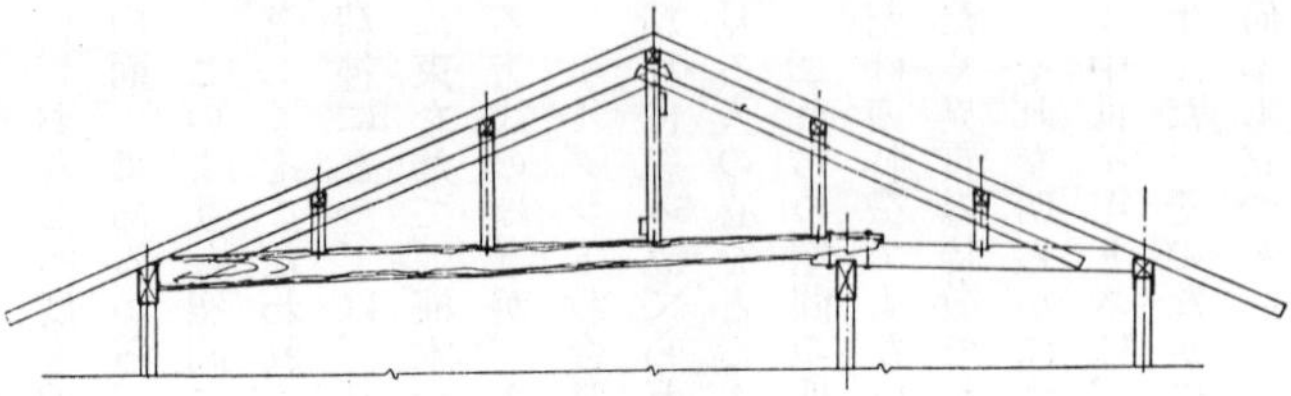

和小屋断面図

かたむいた天井面は、壁面とともに、はっきりと室内空間を囲む要素になっている。

中世イギリスが好んで用いた木の屋根の構法に「クラックス構法」と「ハンマー・ビーム構法」がある。

クラックスとは、合掌材の意味で、さきのボルグンド教会も、その一種である。もう一方、中世イギリスの農家には、アーチ状の厚い板材を、ふたつ組み合わせた、一種の木造アーチを主体とした形式が、古くからあった。ハンマー・ビームとは、柱からハンマーの柄のように水平につきだした片持梁のことだが、両側の柱または壁体からつきだしたハンマー・ビームが中央の木造アーチを支える構法全体をも意味する。

ハンマー・ビームの一端を、木の柱に頑丈に接合して、中央アーチや屋根の重さを支えても、びくともしないようにするためには、精巧な木工技術を必要とする。けれども、もしそれがで

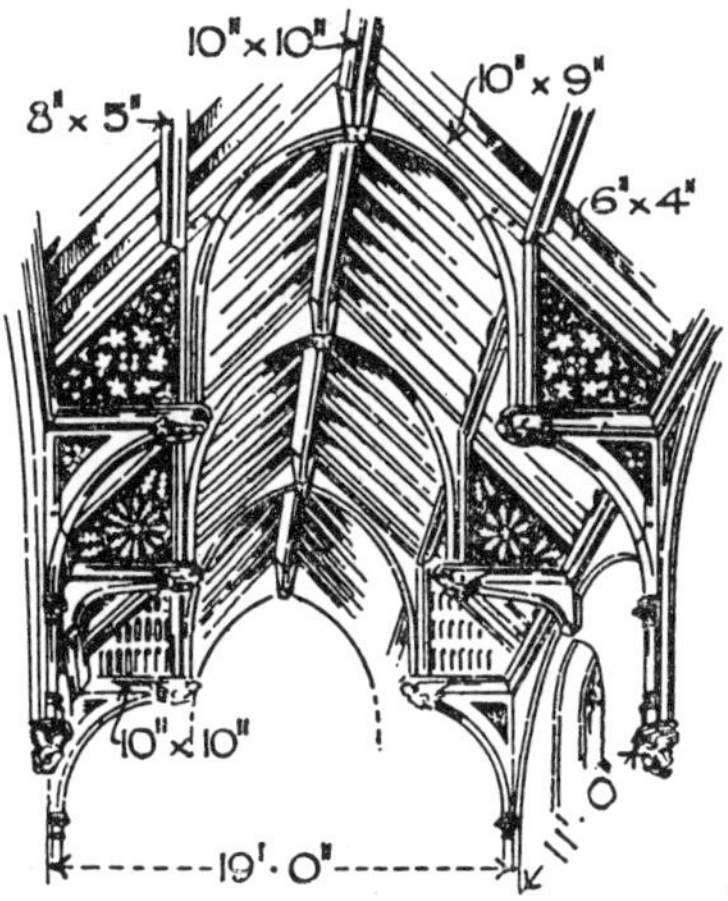


ハンマー・ビーム構法

きたなら、二〇メートル以上の幅をもった広い空間を、柱なしでつくることができる。ハンマー・ビーム構法は、大空間を覆うために、その時期の高度の木工技術が追求した、木の可能性の劇的な開発であった。

中世イギリス人は、このふたつの構法を、単に実用的に用いただけでなく、多くの壮麗な宮殿や居館や城郭に用い、この構法に秘められた木組みの美しさや、独自の空間を、さまざまに発展させた。

中世イギリスの壮大な木の建築の空間は、写真を見ただけでは、さきのノルウェーの教会堂とは、受ける印象がかなりちがってくるかもしれない。しかし、ボルグンド教会堂の説明をよく読み、イギリスの実例をよく見てくれたら、この両方の空間の性質が、基本的には共通していることが、わかると思う。

最後に、もうひとつ、重要な共通点がある。

中世イギリスの木造建築の実例

それは、ボルグンド教会堂よりも、中世イギリスの実例に、はっきりと現われている特徴だが、両方とも、日本の建築とちがって庇が外に長くのびていない、という特徴である。
　このことは、その外形が、箱のように見えるということだ。いいかえれば、囲みとしてのヨーロッパの建築は、さまざまな壁面と屋根面の組合せからできた、一種の「多面体」としての完結した形態となる。
　それらの室内空間には、さまざまな木組みがあるが、木組み自体が、外形上の特徴に参加することはない。外形の美しさは、あくまで、屋根面と壁面の組合せから形づくられた、多面体のバランスやプロポーション（比例、割合）である。そして、その面の質感や開口部の配置や壁面構成のたくみさから生れるものだ。
　このことは、つぎに述べる日本建築とくらべて、室内空間や技法の差とおなじように重要な「質の差」である。

## 四　日本の建築空間

「囲い」としてのヨーロッパの建築空間の性質を説明しながら、日本の建築空間にも少しふれてきたので、君たちも「覆い」としての日本の空間の特徴がわかってきたと思う。

それをはっきりさせるために、二、三の実例をとりあげてみよう。

奈良に唐招提寺というお寺がある。その金堂は、天平時代後期（八世紀後半）の代表的な建築である。日本に仏教が伝えられたのは、六世紀前半だが、それとともに、それまでの日本になかった寺院建築の様式と技術がはいってきた。唐招提寺金堂は、その新しい建築様式と技術を吸収して成立した古代日本の、もっともすぐれた建築のひとつである。

おなじように木で造られ、おなじ宗教建築であるのに、前に述べたボルグンド教会堂とは、いかにちがった印象を与えることだろう。このきわだった印象のちがいは、どこから生れるのか。

まず目にはいるのは、美しくのびた大屋根の線であり、面である。それは、整然と並んだ柱の列を、上から大きく覆っている。近づくにつれて、屋根面は小さくなり、そのかわりに、力強い円柱の列とそれを上部でつなぐ水平部材（頭貫きという）からなる木の骨組み（軸組みという）が、はっきり見える。柱のあいだは、両開き板戸が格子窓として、開放されている。

もっと近づいて、長い庇の下に立って見あげると、それぞれの柱の上のはしに、マス型の部材「斗」と上から重さを支えている部材「肘木」が、一定の法則で組み合わされており、それが「持

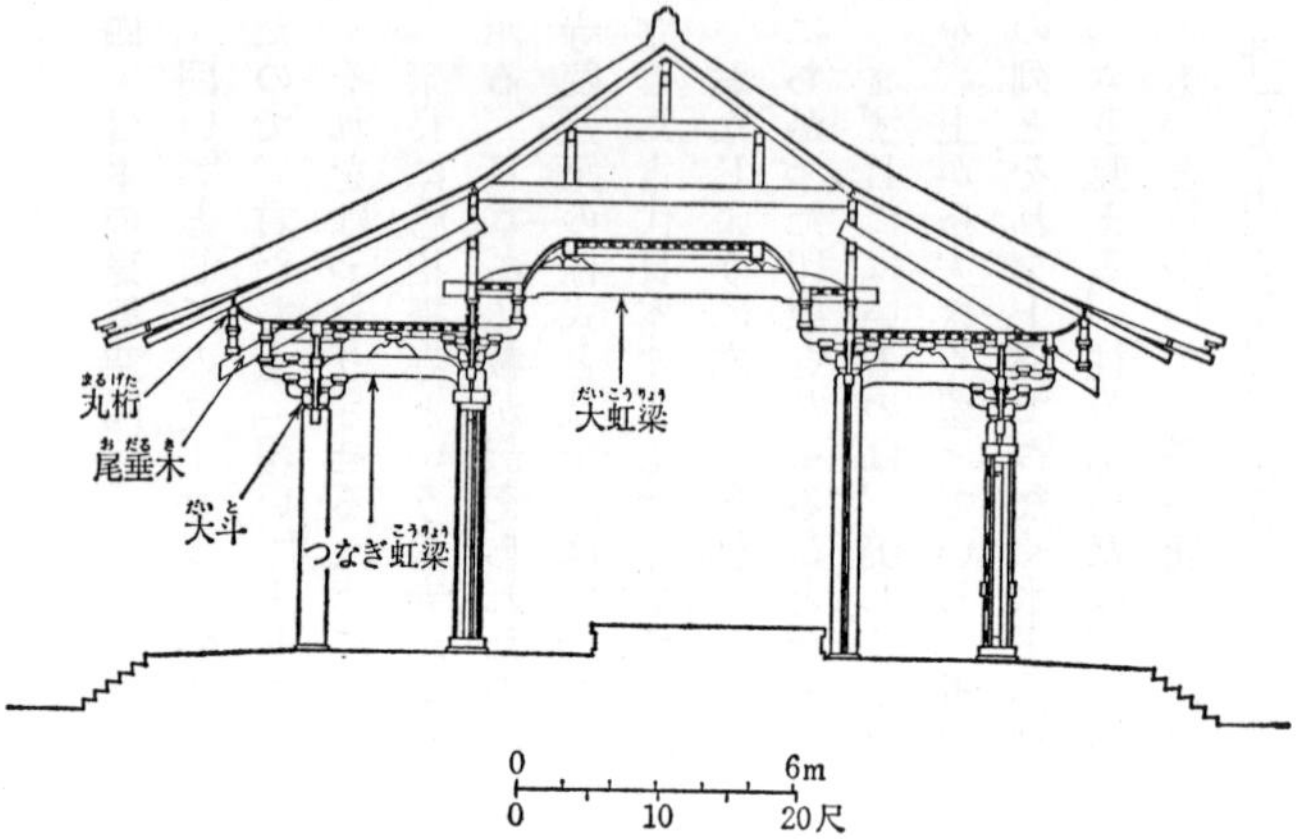


唐招提寺金堂の断面図

ち送り」*のようにのびていて、長くのびた庇を支えていることがわかるだろう。

斗と肘木の組合せからできているこの部分は、「組み物」とよばれ、たいへん印象的な装飾効果をあげている。同時にこれは、構造部材としても重要な役割をはたしているのだ。

組み物の発達についてはあとで述べるのでここでは、かんたんに説明しておこう。上の唐招提寺金堂の断面図をよく見てくれたまえ。

いちばん下の肘木は、外につき出しているだけでなく、内側にもつきだして、梁（虹梁という）を支えている。この肘木は、柱の上にある一種の「てこ」であり、そのてこ作用で、一段上の、もっと長い肘木を支えているのだ。さらに三段目の肘木の先にのっている斗が、つきでている斜め材の「尾垂木」という木を支えている。尾垂木もまたてこであり、その先端にさらに斗を支え、その斗が庇に接して水平にのびる

* 壁や柱からつき出して，庇や棚を支えるもの

「丸桁」を支えていることがわかる。

桁は、普通は、柱の上に直接のる部材だ。しかしここでは、組み物のてこ作用によって、柱の位置よりも、はるか外側に持ちだされている。そして庇は、その丸桁で支えられているからこそ、長く外にのびることができる。つまり組み物は、巧妙なてこ作用の集合によって、庇を長くのばす仕掛けなのである。

組み物の作用を頭において、断面図をもう一度見れば、この建築の基本的な特徴がわかるはずだ。

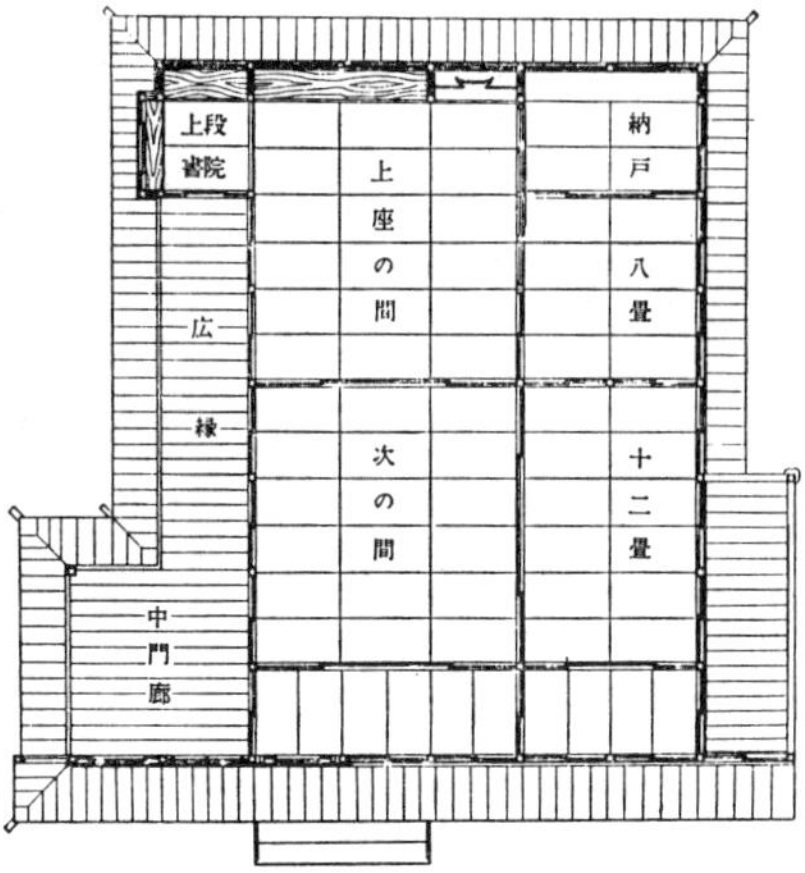

光浄院客殿（平面図）

この建物は、両側二列の柱と、虹梁および組み物によって支えられ、それらを深々と覆っている屋根とから形づくられている。室内空間の特徴も、外から見た形態の特性も、すべて、この単純なふたつの要素から生れているのだ。柱のあいだは、両開き板戸や格子窓や、一部漆喰壁になっているが、それらのことは、二義的な要素にすぎない。

室内空間にとって、壁面は、囲いではなく、立ち並ぶ柱であり、柱のあいだに残された〝空き〟である。天井面とはまったく質のちがう要素である。屋根は、室内空間を深々と覆うことによって、それを外部から区切っているが、壁面は、室内空間を外部空間と融合させるところなのである。

庇は長くのび、壁面は庇の奥に後退するから、外形は、けっして多面体的または箱のようにはならない。この形の美しさは、わずかにそり返った屋根の優美な面や線、壁面に現われた力強い木の軸組み、また庇下にあって、軸組みと大屋根とを結ぶ、精妙な組み物の視覚的効果から生れている。唐招提寺金堂の形態や空間や技法を、もっとこまかく分析して、たとえば法隆寺金堂（七世紀末）などと比較して理解することもできる。けれども、ヨーロッパの建築と比較して、日本建築の一般的な特徴を考えるための実例としては、これまでの考察で充分だろう。つぎに、このような一般的な特徴を、他の時代の建築についても、考えてみよう。

大津市の園城寺に、光浄院客殿という有名な住宅建築がある。一七世紀初頭に建てられたもので、近世日本の住宅形式となった「書院造り」の代表的なものである。

書院造りというのは、畳が各室に敷きつめられ、フスマや障子が一般化し、床の間、違い棚、書院机などが定式化した住宅形式のことだ。室町時代の中期から末期にかけて、僧侶や武士の生活のなかから生れた。光浄院客殿は、書院造りの成立を示す、もっとも典型的な建物として

光浄院客殿上座から庭をながめる

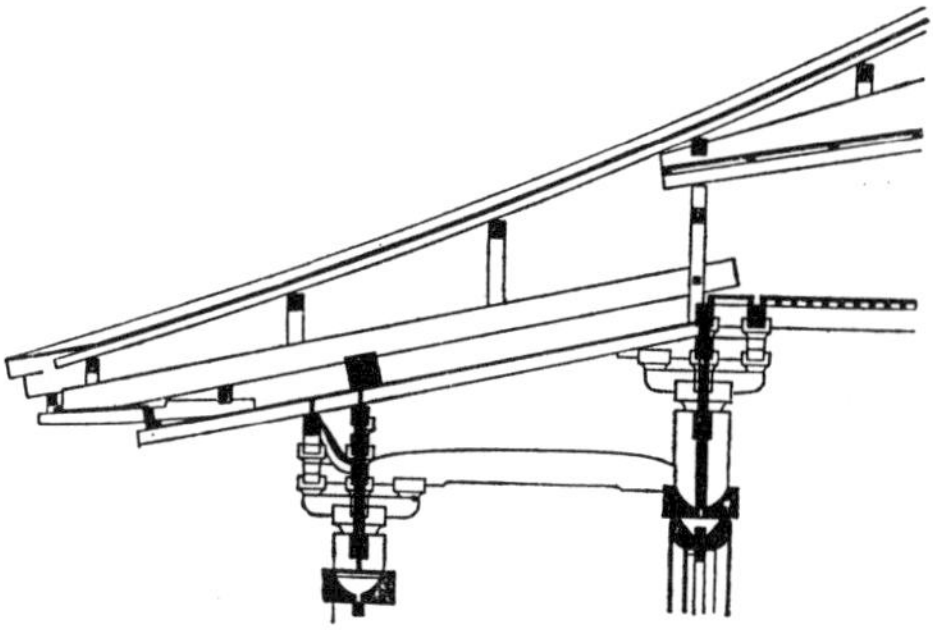

桔ね木

有名である。

この中心室である上座の間にすわって、広い縁側（広縁）ごしに、庭を眺めてみよう。当時の人びとが、日本の風土から生れた建築空間の特徴を、いかに繊細で奥深い精神で、日常の住いの隅々にまで浸透させたということを、しみじみと感じる。

床の間や違い棚がある建物の西面を除けば、壁はまったく存在しない。田の字形の間仕切りは、フスマであり、南面と北面には障子がある。出入り口側である東面は、どちらかといえば閉鎖性の強い板戸や蔀戸がはめられている。

フスマをあけ、南と北の障子をあければ、住いのすべてを見通すことができる。庭からの涼しい風は、住いのすべてに吹きわたることになる。室内空間は、広縁からの反射光で適度に明るい。また、その奥深さによって適度に暗い静けさを保っていた。

明るい開口部は、自然に、人の目を庭に引きよせる。池を囲んで、さまざまな石や草木が配置され、また生い茂っている。その向こうには、「築地塀」（土の塀の上に屋根を葺いたもの）が造られている。

室内空間は、長い庇下の空間、つまり広縁を通じて、庭の外部空間と完全に一体化している。この一体感は、庭の向こうが、草木や築地塀によって、外の道路から閉ざされていることで、いっそう強められる。ヨーロッパの建築では、内と外の区切りは、建物の壁面であった。しかしここでは、庭と一体化した室内空間が住いの全体なのである。住いの内と外とを区切るのは、庭の向こうの塀であり林である。

ここでは、長い庇を支えるのに、組み物は用いられていない。建物が小規模であることもあるが、中世初めに、軒の重みを支えるために、軒裏に用いられる斜めの支え木「桔ね木」によって、庇を長くのばす技法が生れたからでもある。ここでも、その桔ね木が用いられている。

けれども、形はちがっていても、広縁の上で長い、庇を支えている桁組みと垂木の整然とした構成、また壁面上の、柱と長押と桁による力強い軸組みの構成は、唐招提寺金堂の形態美とおなじ性質のものだ。つまり、柱の列の上に長くのびた庇、またそれを実現するための軸組みの構成。これらの美しさを追求することから生れた形態であった。

## 五　人はいつも「風土」を背負って生きている

いままでの説明から、君たちが知っている日本のいろいろな古建築を思い出してみたまえ。桂離宮や修学院離宮のような、高度に洗練された貴族の住宅もそうである。しかしまた、一軒ごとに林に囲まれた庭をもち、縁側でネコとおばあさんが昼寝をしている、カヤぶきの農家も、じつは、おなじ性質のものなのだ。

日本の住いは、時代や地方によって、また程度の差によって、細部については、ちがった形式や形態をもっている。けれども、それらが、それぞれのちがいをこえて、共通した性質を、つまり、囲いであるよりも「覆い」であり、覆いであることによって自然に生れるさまざまな特性をもっているということを認識することが大切だろう。

それは、日本という自然条件のなかで、つまり、日本という風土を担って、よくそれに適応して生きつづけてきた日本人の、精神的発展のひとつだからである。

私は、いままで述べてきたような、日本の建築空間の特性を、単に日本独自のものとして評価するだけでなく、よりよい「覆い」をつくるための技法の独創性といい、そこに展開された視覚的表現の高さといい、また、住いに対する精神的な追求の深さといい、世界の文化史のなかで誇るにたるものである、と思っている。

けれども、このような独自性と素晴らしさは、「風土を担っているのだ」などと意識することによって、生れたのではけっしてない。このことをつけ加えておきたい。

つまり、時代や地方の異なる建築の基盤にあるそれぞれの共通性は、その時代その地方の人間たちの、よりよい生活を求めようとする、さまざまな営みのなかから、「自然に」そして「必然的に」生じたものだ。その主体的な営みは、いちおう成立して住いの快適さのなかで、満足し、そのままとまってしまうようなものではなかった。その快適さを、より以上に高め、そのための技法を開発し、それにふさわしい美しさを追求した。そして、高い象徴性を探らなければ満足しなかった……

そのような人々の行動の積み重なりのなかから、日本建築の、また住いの、独自性と素晴らしさが生れた。そして木は、そこで、なくてはならない「材料」であったのだ。

私は、いままで、日本の建築や住いに共通して現われる特性を、日本の風土が、日本人に必ず与える影響の、現れのひとつとして、説明してきた。そしてそれをぜひ、理解してほしいと思っている。

けれども、それ以上に重要なことがある。これから数十年の人生を生きる君たちが、かつての日本人がそうであったように、生活に対するすぐれた英知と、こまやかで奥深い感情をもって、「主体的に」生きるということだ。

現代の生活は、むかしとは非常にちがっている。住いだけをとりあげても、材料もちがえば、設備もちがう。家族の団欒、調理や食事、寝かたや楽しみかたなど、生活様式も、すっかりちがってしまっている。

だから、そこに、むかしの日本の住いの良さ、たとえば寝殿造りや書院造りや数寄屋造り、また町屋や農家の住いの良さを、個々の形式としてもちこんでみても、あてはまるはずはない。

けれども、むかしの日本の、いろいろな時代とそれぞれの地方に生きたわれわれの祖先の主体的な生きかたを、またその英知の高さと感情の深さを学ぶことはできるはずだ。そしてむかしとはちがった現代のなかで、その知恵を生かして生きることはできると思う。

和辻哲郎はそのことを「風土的負荷のもとで生きる」といっているのである。

# あとがき

稲葉武司

山本学治は、『現代建築と技術』（昭和四十六年、彰国社）のまえがきの中で、その約十年前に出した旧版をそれと比較して、二つの自著の間にある一面の矛盾撞着を感じながらも、社会環境の質的な隔りを理由に基本的立場を変えることを自戒している。その時々によって尺度を変えたのでは、物を測ったことにはならない。各々が自分の基準をもつのは勝手だが、それぞれが明確でその間の換算が成立するものでなければ建設的な結果は生れない。この意味で彼は意識して自分の立場を持続し、また明確にするよう努めていた。

第一部は近代建築史に関する論文を集めた。これは彼の専門領域というばかりではなく、彼の建築に対する立脚点の表明として彼の多くの論述と行動を理解する手懸りとなるものである。ここに集められた論文の主題は近代である。西欧化と近代化が等しいという時期は過ぎたというのが最近の我々の実感かもしれない。一方それは先進国の一つとして、独自の歴史を拓かねばならないことへとつながっていくはずである。一番手近かな過去としての近代史は現在と未来を問う時に最も強い示唆を含むものであるだけに、これらの論文のもつ役割は重要である。

第二部は窓、壁、柱といった建築の部分についての論文である。部分について論じる場合、その視点も断片化されてしまい趣味的な傾きをみせるものが少なくないが、彼の場合は第一部で表わされたような立場をつねに踏まえている。またそれが、あまり数多くはないこの分野の論文を彼の建築論全体を構成する重要な要素にしている。

実際の建物において、基本的なコンセプトは新鮮でも、そのディテールが型通りな場合を見かけることは多い。大筋では厳しい合理的思考が働いているのに、その息抜きでもあるかのようにディテールが甘やかされている。見方を変えると建築はディテールの集積である。そこに経験的な蓄積の果たす役割は大きい。けれども経験のみに依るのでは形式主義がはびこる。創造にたずさわる者には形を論理的な思考にゆだねることを嫌う傾向がある。大きな部分に働いた思考が小さな隅々にまでおよんでいくから全体が統一され、それだからこそディテールも生き、旧い形式の克服も可能になってくる。

よいディテール論が必要なわけがここにある。「窓」の部分は〝アーキテクチュラル・レヴュー〟誌の抄訳的要素が濃いが後半は彼の意見である。

部分の問題をさらに小さくしていくと素材が浮き上ってくる。第三部はそれらの中でも金属と木に関するものを集めた。素材については、いわゆる材料学的な扱い方もあるが、彼の場合はその立場上、文明史的であるし、それがこれらの論文をユニークなものにしている。広く素材という意味では『素材と造形の歴史』[*1]の中で彼は系統だてた論議を展開している。本書の論稿はその元になったものである。その対象読者は建築というよりは、金属関係の企業なども含めた広い範囲であった。執筆にはそれまでにない苦労をしたが、一面楽しくまた非常な勉強になったことを述懐していた。

「木による日本の建築はどんな特徴があるのだろう」は最後の著作『森のめぐみ――木と日本人』[*2]の一部である。この場合の対象はいうまでもなく少年達である。その執筆に彼は専門家に向けるも

＊1　SD選書，鹿島出版会
＊2　ちくま少年図書館28，筑摩書房

の以上の情熱を傾けていた。

ここに集めた論文を眺めてみると、戦後三十年近くにわたって、彼が建築について一貫した視点のもとに論じ続けてきたことが分かる。その技術を中心に据えた見方を、戦後の経済発展とそれを支えていた技術に対する素朴な信頼の時代の反映とのみ理解したのでは大切な点を見落すことになろう。技術に対する問いかけは今後ますます重要になりこそすれ軽視などできるものではない。その意味でも彼のこれまでの蓄積とそれに加わる継続を考えずにはいられない。

彼の論文の系譜を別な側面からみると、その視点を一貫しながら、初期には大局的な歴史、そして部分・素材へと視線を移していった流れがみえる。そして最後の「木による日本の建築はどんな特徴があるのだろう」では、和辻哲郎の『風土』を引用しながら、少年達に日本の風土とか伝統に対する再確認を説いている。これは単なる懐古趣味ではない。建築、部分、素材と近代建築を点検してきた彼は、その論述活動の後半で、それまでの抽象的な近代への視線を具体的な近代へ移したのである。つまり、欧米的な近代建築を超えて、我々自身が世界の現代建築に新しい道を拓く基本作業の探査である。

それまで多少観念的であった彼の傾向は現実との結びつきを強め、都市からディテール、大建設技術から職人の手仕事とその発言が徐々に広さと具体性を増している。

現代の建築のもつ巨大性と多面性、と同時にそれを成立させる分業と協労の問題も近代史家としての彼の大きな関心事であったことは間違いない。近代化が必然的に分業を促すなかで、如何にしてトータルな住環境を建設するか、換言すれば、どのように協労するのかを、彼は考え続け発言した。これが彼の多角的な論述活動になり、自然と各方面に対するパイプ役になっていったことの重要さは見逃せない。

けれども彼は自分の守っていた原則を一度も疑うことをしなかったとは思えない。むしろ原則の絶対無謬を疑っており、各人の建築に対する対し方の必要を見抜いていたので、その立場を相互に明確にすることを自分も守り他へも求めていた。自分に厳しいそれは、他に対しては強制するのではなくつねに相手の立場を思いやるという暖かい態度になっていた。それゆえに彼の論文には評論にありがちな非難的な緊張は少なく、問題の本質の共通理解へ読者を引き寄せる啓示的な安らかさがある。

## ●初出一覧

現実の発展と近代化の努力との結合――〈国際建築〉一九五六年一月号

日本近代建築の現状――〈施設月報〉一九六九年二月号

一九世紀初めより一九二〇年代に至る建築の近代化について――〈東京芸大美術学部紀要〉一九六五年二月

窓のデザインの発展――〈国際建築〉一九五一年三月号

空間概念としての壁――〈新建築〉一九五七年四月号

近代建築における柱の変遷――〈アルミとアーキテクチュア〉一九六四年六月号

金属発展の五段階――〈cast〉一九六九年十月号

建築と銅について――〈銅〉一九六九年16～18号

木による日本の建築はどんな特徴があるのだろう――『森のめぐみ』一九七五年

山本学治　やまもと・がくじ

一九二三年――東京に生まれる。

一九四五年――東京大学建築科卒業。

一九四九年――東京美術学校助教授。

一九六四年――東京芸術大学教授。

一九七七年――死去。

●主著――『建築学大系六巻・近代建築史』（共著）一九五八年彰国社

『素材と造形の歴史』（SD選書）一九六六年鹿島出版会

『現代建築論――史論としての展開』一九六八年井上書院

『巨匠ミースの遺産』一九七〇年彰国社

『西洋建築史考』一九七三年理工図書

『森のめぐみ――木と日本人』一九七五年筑摩書房、他

詳しくは、山本学治建築論集③『創造するこころ』巻末年譜参照。

本書は、一九八〇～八一年に小社のシルバーシリーズとして刊行された『歴史と風土の中で――山本学治建築論集①』『造型と構造と――山本学治建築論集②』『創造するこころ――山本学治建築論集③』の体裁を変え、SD選書として再刊するものです。

SD選書243

# 歴史と風土の中で

山本学治建築論集①

発行――二〇〇七年九月二〇日©
著者――山本学治
編者――茂木計一郎＋三上祐三＋稲葉武司＋中村精二
発行者――鹿島光一
発行所――鹿島出版会
東京都千代田区霞が関三-二-五　霞が関ビル六階
電話〇三(五五一〇)五四〇〇　振替〇〇一六〇-二-一八〇八八三

印刷・製本――三美印刷　Printed in Japan
落丁・乱丁はお取替えいたします。
ISBN 978-4-306-05243-7　C1352

# SD選書目録

四六判（＊＝品切）

001 現代デザイン入門 勝見勝著
002* 現代建築12章 L・カーン他著 山本学治訳編
003* 都市とデザイン 栗田勇著
004 江戸と江戸城 内藤昌著
005 日本デザイン論 伊藤ていじ著
006* ギリシア神話と壺絵 沢柳大五郎著
007 フランク・ロイド・ライト 谷川正己著
008 きもの文化史 河鰭実英著
009 素材と造形の歴史 山本学治著
010* 今日の装飾芸術 ル・コルビュジエ著 前川国男訳
011 コミュニティとプライバシイ C・アレグザンダー著 岡田新一訳
012 新桂離宮論 内藤昌著
013* 日本の工匠 伊藤ていじ著
014 現代絵画の解剖 木村重信著
015 ユルバニスム ル・コルビュジエ著 樋口清訳
016* デザインと心理学 穐山貞登著
017 私と日本建築 A・レーモンド著 三沢浩訳
018* 現代建築を創る人々 神代雄一郎編
019 芸術空間の系譜 高階秀爾著
020 日本美の特質 吉村貞司著
021 建築をめざして ル・コルビュジエ著 吉阪隆正訳
022 メガロポリス J・ゴットマン著 木内信蔵訳
023 日本の庭園 田中正大著
024* 明日の演劇空間 尾崎宏次著
025 都市形成の歴史 A・コーン著 星野芳久訳
026* 近代絵画 A・オザンファン他著 吉川逸治訳
027 イタリアの美術 A・ブラント著 中森義宗訳
028 明日の田園都市 E・ハワード著 長素連訳
029* 移動空間論 川添登著
030* 日本の近世住宅 平井聖著
031* 新しい都市交通 B・リチャーズ著 曽根幸一他訳
032* 人間環境の未来像 W・R・イーウォルド編 磯村英一他訳
033 輝く都市 ル・コルビュジエ著 坂倉準三訳
034 アルヴァ・アアルト 武藤章著
035 幻想の建築 坂崎乙郎著
036 カテドラルを建てた人びと J・ジャンペル著 飯田喜四郎訳
037 日本建築の空間 井上充夫著
038* 環境開発論 浅田孝著
039* 都市と娯楽 加藤秀俊著
040* 郊外都市論 H・カーヴァー著 志水英樹訳
041* 都市文明の源流と系譜 藤岡謙二郎著
042 道具考 榮久庵憲司著
043 ヨーロッパの造園 岡崎文彬著
044* 未来の交通 H・ヘルマン著 岡寿麿訳
045* 古代技術 H・ディールス著 平田寛訳
046 キュビスムへの道 D・H・カーンワイラー著 千足伸行訳
047* 近代建築再考 藤井正一郎著
048* 古代科学 J・L・ハイベルク著 平田寛訳
049 住宅論 篠原一男著
050* ヨーロッパの住宅建築 S・カンタクシーノ著 山下和正訳
051* 都市の魅力 清水馨八郎、服部銈二郎著
052* 東照宮 大河直躬著
053 茶匠と建築 中村昌生著
054* 住居空間の人類学 石毛直道著
055 空間の生命 人間と建築 坂崎乙郎著
056 環境とデザイン G・エクボ著 久保貞訳
057* 日本美の意匠 水尾比呂志著
058 新しい都市の人間像 R・イールズ他編 木内信蔵監訳
059 京の町家 島村昇他編
060* 都市問題とは何か R・パーノン著 片桐達夫訳
061 住まいの原型Ⅰ 泉靖一編
062* コミュニティ計画の系譜 佐々木宏著
063* 近代建築 V・スカーリー著 長尾重武訳
064* SD海外建築情報Ⅰ 岡田新一編
065* SD海外建築情報Ⅱ 岡田新一編
066 天上の館 J・サマーソン著 鈴木博之訳
067 木の文化 小原二郎著
068* SD海外建築情報Ⅲ 岡田新一編
069* 地域・環境・計画 水谷穎介著
070* 都市虚構論 池田亮二著
071 現代建築事典 W・ペーント編 浜口隆一他日本語版監修
072 ヴィラール・ド・オヌクールの画帖 藤本康雄著
073* タウンスケープ T・シャープ著 長素連他訳
074* 現代建築の源流と動向 L・ヒルベルザイマー著 渡辺明次訳
075 部族社会の芸術家 M・W・スミス編 木村重信他訳
076 キモノ・マインド B・ルドフスキー著 新庄哲夫訳
077 住まいの原型Ⅱ 吉阪隆正他著
078 実存・空間・建築 C・ノルベルグ＝シュルツ著 加藤邦男訳
079* SD海外建築情報Ⅳ 岡田新一編
080* 都市の開発と保存 上田篤、鳴海邦碩編
081 爆発するメトロポリス W・H・ホワイトJr.他著 小島将志訳
082 アメリカの建築とアーバニズム(上) V・スカーリー著 香山壽夫訳
083 アメリカの建築とアーバニズム(下) V・スカーリー著 香山壽夫訳
084* 海上都市 菊竹清訓著
085 アーバン・ゲーム M・ケンツレン著 北原理雄訳

086* 建築2000 C・ジェンクス著 工藤国雄訳
087 日本の公園 田中正大著
088* 現代芸術の冒険 O・ビハリメリン著 坂崎乙郎他訳
089 江戸建築と本途帳 西和夫著
090* 大きな都市小さな部屋 渡辺武信著
091 イギリス建築の新傾向 R・ランダウ著 鈴木博之訳
092* SD海外建築情報V 岡田新一編
093* IDの世界 豊口協著
094* 交通圏の発見 有末武夫著
095 建築とは何か B・タウト著 篠田英雄訳
096 続住宅論 篠原一男著
097* 建築の現在 長谷川堯著
098* 都市の景観 G・カレン著 北原理雄訳
099* SD海外建築情報VI 岡田新一編
100* 都市空間と建築 U・コンラーツ著 伊藤哲夫訳
101* 環境ゲーム T・クロスビイ著 松平誠訳
102* アテネ憲章 ル・コルビュジエ著 吉阪隆正訳
103 プライド・オブ・プレイス シヴィック・トラスト著 井手久登他訳
104* 構造と空間の感覚 F・ウイルソン著 山本学治他訳
105* 現代民家と住環境体 大野勝彦著
106 光の死 H・ゼーデルマイヤ著 森洋子訳
107* アメリカ建築の新方向 R・スターン著 鈴木一訳
108* 近代都市計画の起源 L・ベネヴォロ著 横山正訳
109* 中国の住宅 劉敦楨著 田中淡他訳
110 現代のコートハウス D・マッキントッシュ著 北原理雄訳
111 モデュロールI ル・コルビュジエ著 吉阪隆正訳
112 モデュロールII ル・コルビュジエ著 吉阪隆正訳
113* 建築の史的原型を探る B・ゼーヴィ著 鈴木美治訳
114 西欧の芸術1 ロマネスク上 H・フォシヨン著 神沢栄三他訳
115 西欧の芸術1 ロマネスク下 H・フォシヨン著 神沢栄三他訳
116 西欧の芸術2 ゴシック上 H・フォシヨン著 神沢栄三他訳
117 西欧の芸術2 ゴシック下 H・フォシヨン著 神沢栄三他訳
118 アメリカ大都市の死と生 J・ジェイコブス著 黒川紀章訳
119 遊び場の計画 R・ダットナー著 神谷五男他訳
120 人間の家 ル・コルビュジエ他著 西沢信弥訳
121* 街路の意味 竹山実著
122* パルテノンの建築家たち R・カーペンター著 松島道也訳
123 ライトと日本 谷川正己著
124 空間としての建築(上) B・ゼーヴィ著 栗田勇訳
125 空間としての建築(下) B・ゼーヴィ著 栗田勇訳
126 かいわい[日本の都市空間] 材野博司著
127* 歩行者革命 S・プライネス他著 岡並木監訳
128 オレゴン大学の実験 C・アレグザンダー著 宮本雅明訳
129 都市はふるさとか F・レンツローマイス著 武基雄他訳
130 建築空間[尺度について] P・ブドン著 中村貴志訳
131 アメリカ住宅論 V・スカーリーJr.著 長尾重武訳
132 タリアセンへの道 谷川正己著
133 建築VS.ハウジング M・ポウリー著 山下和正訳
134 思想としての建築 栗田勇著
135* 人間のための都市 P・ペータース著 河合正一訳
136 都市憲章 磯村英一著
137* 巨匠たちの時代 R・バンハム著 山下泉訳
138 三つの人間機構 ル・コルビュジエ著 山口知之訳
139 インターナショナル・スタイル H・R・ヒチコック他著 武沢秀一訳
140 北欧の建築 S・E・ラスムッセン著 吉田鉄郎訳
141 続建築とは何か B・タウト著 篠田英雄訳
142 四つの交通路 ル・コルビュジエ著 井田安弘訳
143 ラスベガス R・ヴェンチューリ他著 石井和紘他訳
144 ル・コルビュジエ C・ジェンクス著 佐々木宏訳
145 デザインの認識 R・ソマー著 加藤常雄訳
146 鏡[虚構の空間] 由水常雄著
147 イタリア都市再生の論理 陣内秀信著
148 東方への旅 ル・コルビュジエ著 石井勉他訳
149 建築鑑賞入門 W・W・コーディル他著 六鹿正治訳
150 近代建築の失敗 P・ブレイク著 星野郁美訳
151* 文化財と建築史 関野克著
152 日本の近代建築(上)その成立過程 稲垣栄三著
153* 日本の近代建築(下)その成立過程 稲垣栄三著
154 住宅と宮殿 ル・コルビュジエ著 井田安弘訳
155 イタリアの現代建築 V・グレゴッティ著 松井宏方訳
156 バウハウス[その建築造形理念] 杉本俊多著
157 エスプリ・ヌーヴォー[近代建築名鑑] ル・コルビュジエ著 山口知之訳
158 建築について(上) F・L・ライト著 谷川睦子他訳
159 建築について(下) F・L・ライト著 谷川睦子他訳
160* 建築形態のダイナミクス(上) R・アルンハイム著 乾正雄訳
161 建築形態のダイナミクス(下) R・アルンハイム著 乾正雄訳
162 見えがくれする都市 槇文彦他著
163 街の景観 G・バーク著 長素連他訳
164 環境計画論 田村明著
165* アドルフ・ロース 伊藤哲夫著
166* 空間と情緒 箱崎総一著
167 水空間の演出 鈴木信宏著
168 モラリティと建築 D・ワトキン著 榎本弘之訳
169 ペルシア建築 A・U・ポープ著 石井昭訳
170 ブルネッレスキ ルネサンス建築の開花 G・C・アルガン著 浅井朋子訳
171 装置としての都市 月尾嘉男著
172 建築家の発想 石井和紘著
173 日本の空間構造 吉村貞司著
174 建築の多様性と対立性 R・ヴェンチューリ著 伊藤公文訳
175 広場の造形 C・ジッテ著 大石敏雄訳
176 西洋建築様式史(上) F・バウムガルト著 杉本俊多訳
177 西洋建築様式史(下) F・バウムガルト著 杉本俊多訳
178 木のこころ 木匠回想記 G・ナカシマ著 神代雄一郎他訳

179* **風土に生きる建築** 若山滋著
180* **金沢の町家** 島村昇著
181* **ジュゼッペ・テッラーニ** B・ゼーヴィ編 鵜沢隆訳
182 **水のデザイン** D・ベーミングハウス著 鈴木信宏訳
183* **ゴシック建築の構造** R・マーク著 飯田喜四郎訳
184 **建築家なしの建築** B・ルドフスキー著 渡辺武信訳
185 **プレシジョン(上)** ル・コルビュジエ著 井田安弘他訳
186 **プレシジョン(下)** ル・コルビュジエ著 井田安弘他訳
187 **オットー・ワーグナー** H・ゲレツェッガー他著 伊藤哲夫他訳
188 **環境照明のデザイン** 石井幹子著
189 **ルイス・マンフォード** 木原武一著
190 **「いえ」と「まち」** 鈴木成文他著
191 **アルド・ロッシ自伝** A・ロッシ著 三宅理一訳
192 **屋外彫刻** M・A・ロビネット著 千葉成夫訳
193 **「作庭記」からみた造園** 飛田範夫著
194 **トーネット曲木家具** K・マンク著 宿輪吉之典訳
195 **劇場の構図** 清水裕之著
196 **オーギュスト・ペレ** 吉田鋼市著
197 **アントニオ・ガウディ** 鳥居徳敏著
198 **インテリアデザインとは何か** 三輪正弘著
199* **都市住居の空間構成** 東孝光著
200 **ヴェネツィア** 陣内秀信著
201 **自然な構造体** F・オットー著 岩村和夫訳
202 **椅子のデザイン小史** 大廣保行著
203 **都市の道具** GK研究所、榮久庵祥二著
204 **ミース・ファン・デル・ローエ** D・スペース著 平野哲行訳
205 **表現主義の建築(上)** W・ペーント著 長谷川章訳
206 **表現主義の建築(下)** W・ペーント著 長谷川章訳
207 **カルロ・スカルパ** A・F・マルチャノ著 浜口オサミ訳
208 **都市の街割** 材野博司著
209 **日本の伝統工具** 土田一郎著 秋山実写真

210 **まちづくりの新しい理論** C・アレグザンダー他著 難波和彦監訳
211 **建築環境論** 岩村和夫著
212 **建築計画の展開** W・M・ペニヤ著 本田邦夫訳
213 **スペイン建築の特質** F・チュエッカ著 鳥居徳敏訳
214 **アメリカ建築の巨匠たち** P・ブレイク他著 小林克弘他訳
215 **行動・文化とデザイン** 清水忠男著
216 **環境デザインの思想** 三輪正弘著
217 **ボッロミーニ** G・C・アルガン著 長谷川正允訳
218 **ヴィオレ・ル・デュク** 羽生修二著
219 **トニー・ガルニエ** 吉田鋼市著
220 **住環境の都市形態** P・パヌレ他著 佐藤方俊訳
221 **古典建築の失われた意味** G・ハーシー著 白井秀和訳
222 **パラディオへの招待** 長尾重武著
223 **ディスプレイデザイン** 魚成祥一郎監修 清家清序文
224 **芸術としての建築** S・アバークロンビー著 白井秀和訳
225 **フラクタル造形** 三井秀樹著
226 **ウイリアム・モリス** 藤田治彦著
227 **エーロ・サーリネン** 穂積信夫著
228 **都市デザインの系譜** 相田武文、土屋和男著
229 **サウンドスケープ** 鳥越けい子著
230 **風景のコスモロジー** 吉村元男著
231 **庭園から都市へ** 材野博司著
232 **都市・住宅論** 東孝光著
233 **ふれあい空間のデザイン** 清水忠男著
234 **さあ横になって食べよう** B・ルドフスキー著 多田道太郎監修
235 **間(ま)――日本建築の意匠** 神代雄一郎著
236 **都市デザイン** J・バーネット著 兼田敏之訳
237 **建築家・吉田鉄郎の『日本の住宅』** 吉田鉄郎著
238 **建築家・吉田鉄郎の『日本の建築』** 吉田鉄郎著
239 **建築家・吉田鉄郎の『日本の庭園』** 吉田鉄郎著
240 **建築史の基礎概念** P・フランクル著 香山壽夫監訳

241 **アーツ・アンド・クラフツの建築** 片木篤著
242 **ミース再考** K・フランプトン他著 澤村明＋EAT訳
243 **歴史と風土の中で** 山本学治建築論集①
244 **造型と構造と** 山本学治建築論集②
245 **創造するこころ** 山本学治建築論集③